לכל עניני הקובץ
להערות והארות
אפשר לפנות
לאימייל
freshwaterweiss@gmail.com

עימוד ועיצוב:
ש"ס 0533177225

# תוכן הענינים

## מדור משוש חתן

החתן הרב שלום אליעזר ווייס שליט"א

## מדור קריבו שושבינין

הרב יהושע אלעזר ווייס

הרב יחיאל יהושע רבינאוויטש

הרב מרדכי ווייס

הרב יצחק יעקב ווייס

הרב ישראל אברהם ווייס

הרב דוד ווייס

הרב בן ציון יהודה לייב ווייס

## עת לפתוח

כי כל פה לך יודה, **עת** כי נפתח פה,
לשבח ולזמר לשיר, בהגיע **עת** הזמיר,
שהחיינו וקיימנו, זה היום עשה ה' לנו,
**עת** לרקוד ולשוש בשמחתו, של החתן היוצא לחופתו,
ה"ה אחינו יקרינו החתן שלום אליעזר ני"ו,
הנה **עתך עת** דודים אמרנו ועניינו, בבננו ובבנתינו נלך כי חג ה' לנו,
ו**לעת** האסף הצאן, ב**שעת** רחמים וב**עת** רצון,
נקח מאשר בפי אמתחותינו, מנחה קטנה לאבינו ואמינו,
הרועים אותנו במסירות כזה, כצאן אשר יש להם רועה,
ותפילתינו **לעת** כזאת, למלך שומע תפילות,
שהחתן כלה שיחיו יזכו בית לבנות, כאמינו שיצאה **לעת** צאת השואבות,
הרבה נחת מהם ומעמנו ישאבו הורינו היקרים, לאורך ימים ושנים דשנים ורעננים,
עדי נזכה בירושלים להוועד, כי **עת** לחננה כי בא מועד,

## ברוכים הבאים בשם ה'

קול רנה וישועה באהלי צדיקים, אל ההורים נשא עינינו ראש מצוקים, ברכת מזל טוב ואיחולים עמוקים, לכבוד עטרת ראשינו, זיידי ובאבי שליט"א ראש משפחתינו, הבאים ברנה בטלטולי דאורחא לפאר שמחתינו, ונצרף בזה עומק ברכתינו, עוד ינובין בשיבה להיות נר לרגלינו, מתוך בריאות הגוף והרחבת הדעת לנהלינו, וישאבו מלא כפניים נחת מכולנו לתפארת אבותינו, עדי נזכה במהרה לבנין בית חיינו,

## מדור משוש חתן

### לקט חידושי תורה מאת החתן עדיו לגאון ולתפארת הרב שלום אליעזר ווייס שליט"א

**כעת** כשממשמש ובא יום חתונתי ויום שמחת לבי, זהו ההזדמנות הכי טוב להודות להקב"ה על שהביאני עד הנה, ועל כל מה שעשה ועושה ויעשה עמי בכל רגע בכל שעה ובכל עת. ואילו פינו מלא שירה כים אין אנחנו מספיקים להודות להקב"ה על כל הטובות נסים ונפלאות שעושה עמנו בכל עת.

**ואוסיף** דברי הודאה לשליחיו הנאמנים טאטי ומאמי שליט"א שאין שום מילים להביע רגשי הכרת הטוב שיש לי ולכל המשפחה עליהם על מה שהם עושים לצרכינו בכל מצב ובכל זמן ועת.

**ויה"ר** שיזכו טאטי ומאמי לרוות פיהל אידיש נחת ממני ומכל המשפחה, ויזכו ביחד לאריכות ימים ושנים טובים דשינים ורעננים בבריאות הגוף והנפש.

**וגם** אנצל ההזדמנות להקדים בברכה זיידי ובאבי שליט"א שטרחו ובאו כל הדרך להשתתף בשמחתי ולרומם השמחה.

**והקב"ה** יברכם שיזכו לעוד אריכות ימים ושנים טובים בבריאות הגוף והנפש עם נחת מכל המשפחה, ויזכו להשתתף בשמחתינו עוד לאורך ימים ושנים.

**החתן שלו' אליעזר**

### גדרי פנים חדשות בשבע ברכות

**א.** גמ' כתובות ז: ת"ר ברכת חתנים בבית חתנים וכו' ופירש"י 'כשנכנסה לחופת נישואין'. ובהמשך הסוגיא 'ת"ר מברכין ברכת חתנים בעשרה כל שבעה, אמר רב יהודא והוא שבאו פנים חדשות'. ופרש"י

והוא שבאו 'אל המשתה', פנים חדשות 'בכל יום, שלא היו שם אתמול'. דהיינו שברכת שבעה שחז"ל קבעו לברך כל שבעה, הוא רק בתנאי שבאו פנ"ח.

**בגמ'** ח. 'רב אשי איקלע לבי רב כהנא, יומא קמא בריך כולהו, מכאן ואילך, אי איכא פנ"ח בריך כולהו, ואי לא, אפושי שמחה בעלמא הוא, מברך אשר ברא ושהשמחה במעונו'. ע"כ. ומבואר שהך תנאי של פנ"ח אינו נצרך ביומא קמא.

**ובגדרי** 'יומא קמא', נחלקו הראשונים האם הגדר הוא רק סעודה ראשונה ביום החופה (וכ"ה שיטת הרא"ש) או סעודה ראשונה בכלל אפי' הוא בלילה או ביום שלאחריו (שיטה כזה הביא המאירי, וכ"ה באגודה, וכך נקט הבדק הבית) או יומא קמא כל יום ראשון (כ"ה בריטב"א וכן נקט הבית שמואל בדעת הר"ן) או עצם החופה (כך מוכח בדעת הרמב"ם).

**אבל** בשאר ימים כדי להתחייב בש"ב, צריך להיות שם פנ"ח שלא היה שם אתמול, ובאופן שאין שום פנ"ח מברכין רק אשר ברא ושהשמחה במעונו.

**תוד"ה** שבאו. 'אור"י דפנ"ח אין קורא אלא בבני אדם שמרבים בשבילם השמחה יותר. ו'שבת' דחשבינן פנ"ח דאמרינן באגדה 'מזמור שיר ליום השבת, אמר הקב"ה פנ"ח באו לכאן, נאמר שירה', התם נמי מרבים לכבוד השבת בשמחה ובסעודה' ע"כ. מבואר מדברי התוס' יסוד גדול בביאור הדין פנ"ח, שהוא משום שיש כאן 'התרבות והתחדשות' בהשמחה, ובזה חייבו חז"ל לברך ש"ב.

**והביאור** 'בבני אדם שמרבים בשבילם השמחה' בתוס' ברור שהכוונה לאורח שמרבים לכבודו בהשמחה ובסעודה, ובדומה לזה כתוב במרדכי 'אומר ר"ת פנ"ח קרוי אדם חשוב שהוא כבוד החתן ודרך להרבות בשבילם, אבל אינש אחריני לא'. והב"ח מסביר שלדבריו מרבים בשבילו היינו במנות, ועוד מדויק מדבריו שסגי באורח ש'דרך' להרבות בשבילו אפי' אם כאן במקרה לא היה נצרך להרבות בשבילו משום איזה סיבה. ובר"ן מבואר באופן פשוט ביותר 'דהאי פנ"ח, היינו ששמחים עליו בני החופה'. ודומה לזה מבואר בהג' מיימונית 'אורחים שהחתן מתכבד בהם'.

**עכ"פ** היוצא מכל אלו הראשונים, שפנ"ח מביא התחדשות בהשמחה, ובזה יש חיוב ש"ב.

**ב.** וביתר ביאור, ידוע שיטת הרמב"ן שס"ל ש'אשר ברא' ג"כ נחשב ברכת חתנים, ולפי"ז גם באופן שאין מברכין כל הש"ב משום שאין כאן פנ"ח, צריכין עשרה אנשים בכדי להתחייב באשר ברא, כיון שברכת חתנים נתתקן רק באופן שיש עשרה. (וכ"ה לשון התוס' רי"ד 'שהוא עיקר ברכת חתנות', וכ"ה לש' הרמב"ם הגם שכתב שלא צריך עשרה, וצ"ע).

**ולפי"ז** הביאור כזה, שיש עיקר בר"ח והיינו אשר ברא, ויש בר"ח בדרגא מעולה שהוא עם שאר כל הברכות. וחז"ל העמידו שכל שבעת ימי המשתה יש חיוב לברך ברכת חתנים באופנים מסוימים. דהיינו שבכ"א שמתאספים בסעודה לכבוד החתן בזה יש המשכת חגיגת הנישואין ומברכין 'עיקר' בר"ח. וזה הביאור בהגמ' 'ואי לא 'אפושי שמחה' בעלמא הוא' שהשמחה שכבר היה מרבין אותו וממשיכין אותו עוד יותר. אבל באופן שבתוך אלו שבעה ימים 'נתחדש' חידוש בהשמחה ע"י אורחים שהחתן מתכבד בהם מברכין בדרגא מעולה של בר"ח שהוא כל הש"ב.

**הר"ן** חולק על הרמב"ן ומכריח מדברי הגמ' ש'אשר ברא' אינו נחשב בר"ח כלל, וממילא לא בעינן עשרה כשברכין אותו בפ"ע, כמו הוספת 'שהשמחה במעונו' שודאי אינו דוקא משתייך לשמחת נישואין. והר"ן מפרש שם בזה"ל 'והיינו נמי דאמרינן בסמוך 'ואי לא אפושי שמחה וכו'. ולדידי הכי פירושא אי איכא פנ"ח מברך כולהו דלדידהו כתחלת נישואין דמי, ואי לא, מאי דאמרי רבנן שבעה לברכה ליתא משום נישואין, דלנישואין יומא קמא סגי, אלא לאפושי שמחה בעלמא הוא דתקון הכי, הלכך בשהשמחה במעונו ואשר ברא סגי'. עכ"ל.

**ולפי** דבריו תקנת חז"ל לברך בר"ח בסעודת נישואין, עיקר התקנה הוא לתחלת חגיגת הנישואין כמו שמבואר בגמ' 'יומא קמא בריך כולהו'. אלא שחז"ל הוסיפו שבתוך שבעת ימי המשתה יכול להתחדש מצב של תחלת נישואין ע"י שבאו כאן אורחים שלא היו כאן בתחלת נישואין, ולהם הוא ממש תחלת חגיגת הנישואין, א"כ זה משווה כאן לכל הקהל מצב של תחלת נישואין, כיון שהם אורחים חשובים שמתחשבים בהם ונתרבה השמחה על ידם, ובכ"א שיש מצב של תחלת נישואין חל חיוב ש"ב. משא"כ באופן שאין שום פנ"ח, כבר לא נוגע תקנה זו של ש"ב שנתתקנה רק למצב תחלת נישואין, אלא שיש תקנה חדשה לאפושי ולהרבות

השמחה לכבוד החו״כ ע״י ברכת ׳אשר ברא׳ והוספת ׳שהשמחה׳. ועצם אמירת הברכות עושה התרבות בשמחה. וזו תקנה נפרדה לגמרי, להרבות שמחה אצל חו״כ.

**ג.** ולפי זה נתבאר עוד מחלוקת בין הרמב״ן להר״ן, באופן שהחתן יושב וסועד עם בני ביתו בלי שום אורחים במשך שבעת ימי המשתה, שיטת הרמב״ן שאין מברכין ׳שהשמחה במעונו׳ אלא בשעושה סעודת מרעות לחתונתו ויש שם קרואין, משא״כ באופן שלא זימן אדם ורק הוא סועד עם ב״ב. ושיטת הר״ן שגם באופן שיושב וסועד עם ב״ב, מברכין שהשמחה ואשר ברא ג״כ.

**וביאור** הדברים, שהרמב״ן למד שגם ׳שהשמחה׳ נתתקן לברך רק באופן שרואין כאן המשכת חגיגת השמחה, וזה שייך רק כשעושים סעודת מרעים לכבוד החו״כ. (ולפי כמה ראשונים, מעיקר הדין גם בכלל כשאורחים מתאספים לכבוד החתן, אפי׳ בלי סעודה. עי׳ ר״ן ד״ה ׳כי תניא׳, שמכריח יסוד זה ממס׳ סופרים עיי״ש, וכן יוצא מדברי הטור). משא״כ באופן שיושב רק עם ב״ב, אין כאן חגיגת נישואין כלל, ואפי׳ המשכת השמחה אינו שייך כאן.

**הר״ן** לשיטתו, שיש תקנה חדשה להוסיף שהשמחה ואשר ברא, ודייקא ע״י עושים התרבות בהשמחה, א״כ זה שייך גם כשסועד עם ב״ב, שגם בסעודה זו רצו חז״ל שיתרבה השמחה, וזה עושים ע״י הברכות שמוסיפים.

**ד.** ידוע מה שכתבו הראשונים בשם התוס׳, דאם היו שם פנים חדשות מברכין בשבילו לילה ויום, (עכ״פ כ״ז שהוא עדיין שם גם ביום). וכך נפסק ברמ״א (סי׳ ס״ב סעי׳ ז). ולפי מה שפירשנו בדעת הרמב״ן צ״ל שכשבא אורח חשוב ויש התחדשות בהשמחה, עדיין נרגש ההתחדשות כל היום כ״ז שהאורח עדיין שם. ועי׳ בלש׳ הרמב״ן ׳שכל היום פנ״ח הן עד למחר׳.

**אבל** לפי הר״ן מובן עוד יותר (וכן מפ׳ הבי״ש סי׳ ס״ב סק״ה בדעת הר״ן), שס״ל להר״ן שזה שכתב הגמ׳ ׳יומא קמא בריך כולהו׳ הביאור הוא ׳כל היום׳, שיום החופה (שהוא תחלת נישואין) מברכין ש״ב בכל סעודות היום. זה היה עיקר התקנה. וכיון שיש פנ״ח באחד משאר הלילות, שזה משווה כאן מצב של תחלת נישואין, כמו שביארנו, א״כ מברכין עליו לילה ויום כמו ביום ראשון. (ורק כ״ז שהאורח עדיין עומד שם, רואין מצב זה של תחלת נישואין).

**ובאמת** כך מבואר בהדיא בלש' הריטב"א 'ועוד אמרו וכו' שפנ"ח שבאו בלילה עשו כל היום ההוא 'כיום ראשון' שמברכין שם לילה ויום' עכ"ל.

**ה.** יום השבת, כתבנו לעיל מה שכתב התוס' שנחשב ג"כ כפנ"ח. וכפשוטו בנוי ע"ז ששבת הוא ג"כ התחדשות בהשמחה.

**ועי'** בריטב"א שכתב בזה"ל 'כולם הסכימו דשבת פנים חדשות הוא בין ביום ובין בלילה דהא כבוד לילה וכבוד יום כדאיתא בפרק ערבי פסחים וכו' ע"כ. דהיינו שהריטב"א מבאר מהו הפנ"ח בשבת, ומפרש שליל שבת יש עצם ההתחדשות של שבת, וביום יש התחדשות של 'כבוד יום'.

**וכן** מפרש הב"ח בדעת הטור שכתב (בסי' ס"ב) בזה"ל 'ושבת ויו"ט ראשון ושני הוי כפ"ח בסעודת הלילה ושחרית, אבל לא בסעודה שלישית' עכ"ל. ומפ' הב"ח 'דסעודת הלילה ודאי הוי פנ"ח, וסעודת שחרית נמי הוי פנ"ח כיון דכבוד יום עדיף מכבוד לילה, דדרך להרבות בשמחה ובמנות שחרית יותר מבליל שבת. אבל ס"ש אין דרך להרבות במנות כמו בשחרית, ותו דאיכא מ"ד דיוצא במיני תרגימא' עכ"ל. (ובדרך אגב יש לעיין מה ההתחדשות של יו"ט שני וצ"ע).

**ועיי"ש** שממשיך שכהיום שעושים מצב גדול בס"ש, ועיקרי הקהל באים לסעודה לכבוד הדרשה שהחתן דורש, ומרבין במנות להחתן אחר הדרשה, הו"ל ג"כ כפנ"ח ומברכין ש"ב, ומסיים שכן נוהגין. וכ"ה לש' הרמ"א (סי' ס"ב סע' ח) 'ועכשיו נהגו במדינות אלו לברך ז' ברכות בסעודה ג', ואפשר משום דרגילין לבוא פנ"ח, וי"א מטעם דרגילין לדרוש והדרשה הוי כפנ"ח'. עכ"ל.

(**ועי'** בפתחי תשובה שמציין לתשו' הרמ"ע מפאנו שהביא שע"פ סוד נחשב ס"ג כפנ"ח עיי"ש).

**והנה** הריטב"א שם מסיים 'ולפי מה שכתבנו לעיל, אפי' בסעודת המנחה חשיב כפנ"ח דאכתי איתא קמן כבוד היום.' עכ"ל. דהיינו, לפי מה שכתבו הראשונים שבאופן שבא פנ"ח בלילה מברכין ש"ב גם בהמשך היום, כ"ז שהפנ"ח עומד שם, א"כ גם בשבת כיון שהיה התחדשות בהשמחה ע"י שהגיע יום השבת שהדרך להרבות לכבוד שבת במנות ובסעודה, כל סעודות השבת נתחייבו בש"ב, לפי הרמב"ן בסתם משום שעדיין נרגש ההתחדשות כל היום,

ולפי הר"ן שנעשה כאן מצב של תחלת נישואין.

**עפי"ז** כתב הבית שמואל שהביאו חילוק בין הסעודות, וכן אלו שהצריכו הסברים חדשים שהדרשה נחשב כפנ"ח, ע"כ לא ס"ל דין זה שהביאו הראשונים שכשיש פנ"ח מברכין בשבילו לילה ויום.

**אלא** שלפי"ז יקשה על הרמ"א סעי' ז שהביא דברי הר"ן שכשיש פנ"ח 'אע"פ שאין אוכלים שם מברכין בשבילם לילה ויום', ובסעי' ח הוצרך לטעמים מיוחדים על ס"ש שנחשב פנ"ח. ולכאו' סותר א"ע.

[**ועיי"ש** בדבריו שרוצה לחדש שמה שכתבו הר"ן ושאר הראשונים 'לילה ויום' היינו סעודה אחת בלילה וסעודה אחת ביום, ולא יותר, ומש"ה צריך טעם על סעודה שלישית.

**וכמובן** שזה לא יתרץ הב"ח שהוצרך לסברא של 'כבוד יום עדיף' גם על סעודת שחרית. עכ"פ גם בדברי הרמ"א יש לעיין, כיון שסכ"ס יש התחדשות גם ביום משום כבוד יום, הא חשבינן שתי סעודות משבאו הפנ"ח, א"כ ס"ש יתחייב בש"ב על סמך הפנ"ח.

(**והיה** אפ"ל לפי"ז מה שכתב הריטב"א 'אפי' סעודת המנחה חשיב כפנ"ח דאכתי איתיה קמן 'כבוד יום'', שס"ל כהבי"ש שפנ"ח מהני רק על שתי סעודות וע"כ משתמשין בס"ש עם ההתחדשות של כבוד יום, אלא שהריטב"א בעצמו כתב כשהביא אותו שיטה כשיש פנ"ח נעשה כיום ראשון, וביום ראשון כתב בהדיא שמברכין ברכת ש"ב אפי' עשו סעודה הראוי' לברכה 'כמה פעמים'). וצ"ל שס"ל להרמ"א שדין זה של כבוד יום לא סגי שיתחשב פנ"ח].

**ומסתבר** לומר בביאור הדברים, שזה ששבת נחשב כפנ"ח אין המובן שכיון שבא יום כזה שהדרך להרבות בשבילו 'עצם היום' נחשב פנ"ח, אלא עצם התרבות הסעודות והמנות זהו הפנ"ח (ורק באורח שנראה לפנינו איש חדש שמתכבד החתן בו א"כ עצם האורח הוא פנ"ח, משא"כ 'יום' שמחמתו מרבין השמחה אינו דבר הנראה לפנינו ורק עצם התרבות המנות זהו הפנ"ח.) וכן משמע בלש' התוס' עיי"ש. א"כ כיון שבס"ש אין הדרך להרבות בשבילו, א"כ הפנ"ח של התרבות בסעודה כבר אין כאן לפנינו, וצריכין לסברות חדשים אמאי יש כאן פנ"ח. ומובן לפי"ז מה שהוצרך הב"ח להוסיף

בביאור הטור, שס"ש אין דרך להרבות כמו בבוקר וכו' הא אפי' אי היה מרבינן כמו בשחרית ג"כ לא ייחשב כפנ"ח, אי הב"ח חולק על הראשונים וס"ל שפנ"ח מהני רק על סעודה ראשונה כמו שביאר הבי"ש, אלא ודאי הב"ח ס"ל לדינא שפנ"ח מהני על כל היום, אלא שכאן עצם ההתרבות הוא הפנ"ח, ועי"ז כתב הטור שאין דרך להרבות בס"ש וכו'.

**ו.** הרמב"ם בהל' ברכות פ"ב ה"י כתב בזה"ל 'ברכה זו שמוסיפין בבית חתנים, היא ברכה אחרונה משבע ברכות של נישואין. בד"א בשהיו האוכלין הם שעמדו בברכת נישואין ושמעו הברכות, אבל אם היו האוכלים אחרים שלא שמעו בר"נ בשעת נישואין, מברכין 'בשבילן' אחר ברכת מזון ש"ב כדרך שמברכין בשעת נישואין' וכו'. עכ"ל.

**ועיי"ש** בהג' הרמ"ך שכתב 'לפי סוגיית ההלכה, ברכת חתנים בסעודה נתקנו, וכיון שכן אין נכון שיפטור ברכת נישואין ברכות סעודה, ומנהגינו לברך בר"ח בתוך הסעודה, אע"פ שהיו כל הקהל בשעת נישואין ושמעו ברכת חתנים' עכ"ל.

**והנה** בביאור שיטת הרמב"ם כתבו גדולי האחרונים (ערוך השלחן סי' ס"ב, חי' הגרי"ז בסטנסיל, קהילות יעקב ועוד) שכל משמעות לשונו מראה שיש כאן גדר חדש בדין 'פנ"ח'. מלשונו 'מברכין בשבילו', וכן מזה שלא התנה שצריך להיות פנ"ח מי שמרבים בשמחה בשבילו, וכן מזה שכתב שמי שהיה בשעת הברכות בשעת נישואין, כבר אינו נחשב פנ"ח בשעת הסעודה, הגם שמסברא ודאי יש כאן התחדשות בעצם ישיבה ביחד לסעודה (כמו שכתב הרא"ש במי שעושה הסעודה בליל אחר החופה עיי"ש).

**וצ"ל** שהרמב"ם ס"ל ש'ברכת חתנים' הוא חיוב שחל על כל הנאספין בשמחת חו"כ, לשבח שמו של הקב"ה על יצירת הזווג 'אשר יצר' וכו', וכן לברך את החו"כ 'שמח תשמח' וכו'. וכל המשתתפים מקיימים החיוב ע"י שאחד מברך וכל העם עונים אמן, ובזה יש לכל אחד חלק בהברכה.

**וכשהגיעו** פנ"ח, ולאלו הפנ"ח חל חיוב זה לברך ש"ב, כיון שהם עכשיו בפעם ראשונה בחגיגת החתונה ועדיין לא ברכו הברכות שחל עליהם, מברכין בשבילן ש"ב.

**וזה** נוגע גם כשלא התרבה השמחה כלל על ידיהם, וגם כשהפ"ח כבר אכל פה באחת מהסעודות אלא שלא נשאר פה לברכת ש"ב, מברכין היום בשבילן.

**ולפי"ז** מובן מה שפסק הרמב"ם, ונפסק גם בשו"ע בדעה ראשונה (סעי' ז), שאי כולם כבר שמעו ש"ב בשעת החופה, וכבר קיימו החיוב המוטל עליהם לשבח להקב"ה ולברך חו"כ בחגיגת השמחה, א"כ אין שום סיבה לברך עוד הפעם ש"ב בסעודה זו (חוץ 'אשר ברא ושהשמחה' כדי לאפושי שמחה).

**לפי** הרמב"ם 'יומא קמא בריך כולהו', היינו בשעת החופה.

**וע"ז** כתב הרמ"ך שסכ"ס החיוב ש"ב תחת החופה וחיוב ש"ב שקבעו חז"ל לברך בשעת סעודה הם בס"ד שתי חיובים נפרדים.

[**ובפרט** אם נקבל ששיטת הרמב"ם שש"ב לפני החופה הוא ברכת המצוות, (כמו שצידד הב"י בדבריו מזה שכתב שמברכין ש"ב 'קודם' החופה, שהוא משום הדין 'עובר לעשייתן'. וכן מסתבר לשיטתו שברכת אירוסין הוא ברכת המצוות ומברכין אותו עובר לעשייתן קודם הקידושין כמו שכתב בהדיא בפ"ב מהל' אישות, מסתבר שגם לנישואין תקנו ברכה עליו). והברכות שבשעת הסעודה ודאי גדרם כמו ברכת השבח וכדו'.

**ואפי'** אי ננקוט בשיטת הרמב"ם שש"ב לפני החופה אינו אלא ברכת השבח, סכ"ס פשטות הגמ' משמע שיש תקנה מיוחד לברך ש"ב בשעת החופה, ועוד תקנה נפרדה לברך ש"ב בשעת חגיגת הנישואין בסעודה וכדו'].

**וממילא,** איך יפטרו מחיובם שמוטל עליהם לשבח הקב"ה בשעת חגיגת סעודת נישואין בהברכות של החופה שהוא תקנה אחרת לגמרי.

**ומהרמב"ם** מוכח שס"ל שהכל באמת תקנה אחת לשבח הקב"ה בשעת חגיגת נישואין, ובפעם הראשון זה שייך כשעושין עצם הנישואין, ומי ששמע אז יצא חיובו, ומי שלא היה שם בשעת ברכת ש"ב, חל עליו חיוב לברך כשמשתתף באחד מהסעודות.

**וכן** כתב הר"ן (פסחים ד. מדפי הרי"ף) בהדיא, כשכתב שיטתו שמברכין ש"ב לאחר שתיכנס לחופה, מוסיף הר"ן 'לפי שאין הברכות הללו אלא ברכות תפלה ושבח, תדע שהרי מברכין אותו כל ז', אבל הרמב"ם וכו' ולא מפני שנחשב ברכת המצוות שהרי ברכת השבח הן וכו' ע"כ. ומבואר מדבריו שס"ל שהכל חד חיובא הוא ממש (גם לדעת הרמב"ם), ומכריח משאר הש"ב, שגם ש"ב בחופה הוא ברכת השבח.

**ואפי'** אי ננקוט בדעת הרמב"ם שס"ל שש"ב לפני החופה

הוא ברכת המצוות כמו שכתבנו לעיל, י"ל שס"ל שסכ"ס כיון שנכלל בו גם ברכת השבח, הגם שעיקרו נתתקן לברכת המצוות, מי ששמע אותו, כבר יצא חיובו לשבח להקב"ה ולברך החו"כ באותו נישואין.

**לפי** שיטת הרמב"ם פשוט שלא שייך לדון שבת ויו"ט כפנ"ח. וגם לא שייך לדון שכיון שיש פנ"ח מברכין בשבילו 'לילה ויום'.

**ויוצא** עוד חידוש שלפי הרמב"ם כשיש קטן פנ"ח שמרבים בשבילו השמחה, סכ"ס כיון דלא רמיא חיוב זה על קטן (שאינו מחויב במצוות), אינם מחויבים לברך ש"ב. (ויל"ע בקטן שהגיע לחינוך). משא"כ לשאר הראשונים מסתבר שייחשב פנ"ח, כיון שסכ"ס מרבים בשבילו השמחה, ויש כאן התחדשות.

(**ועי'** בפתחי תשובה ס"ב ס"ק י"ד, שמציין לדברי השימ"ק כתובות ח. בשם הריטב"א שמחדש שפנ"ח חשבינן רק מי שראוי לימנות בעשרה של ברכת חתנים. לאפוקי אשה וקטן ועבד שאינם יכולים להיות פנ"ח. וצ"ע דהא הריטב"א מוכח מדבריו שם שס"ל כשאר הראשונים שהכל תלוי בהתחדשות בהשמחה, וס"ל שגם שבת נחשב פנ"ח, א"כ אמאי יהא קטן שמרבים בשבילו גרע משבת שמרבים בשבילו, וצ"ע).

# בסוגיא דתופס לבעל חוב במקום שחב לאחריני

(נכתב בשנת תשפ״ב לפ״ק)

**א.** בגמ׳ כתובות (פד:) יימר בר חשו (שם האיש) הוי מסיק ביה זוזי בההוא גברא, שכיב (הלוה) ושביק ספינה, א״ל (יימר) לשלוחיה, זיל תפסיה ניהלי (שהגם דמטלטלי דיתמי לא משתעבדי לבע״ח, ס״ל להגמ׳ שם בההו״א דמהני), פגעו ביה רב פפא ורב הונא בריה דרב יהושע, אמרו ליה (להשליח) את תופס לבע״ח במקום שחב לאחרים (שמפסיד בע״ח אחרים בתפיסתו), ואמר ר״י דכל התופס לבע״ח וכו׳ לא קני, ופרש״י דלאו כל כמיניה לחוב לזה כדי לזכות לזה.

**ב.** במס׳ בב״מ (ט:) מבואר במשנה, אם אחד רואה מציאה, ואמר לחבירו ׳תנה לי׳, ולאחר שנטלו חבירו, אמר חבירו שהוא רוצה לזכות בו בעצמו, זכה בו. על פי משנה זו פסקו רב נחמן ורב חסדא שהמגביה מציאה לחבירו לא קנה חבירו, דהו״ל כתופס לבע״ח במקום שחב לאחרים, דלא קנה. איתביה רבא וכו׳ אם אמר בעה״ב לפועלו, עשה עמי מלאכה היום, מציאתו של בעה״ב, משמע דקנה בעה״ב בתפיסתו, ומפרש הגמ׳ דיד פועל כיד בעה״ב, ולכן יכול לזכות לצורך הבעה״ב גם כשחב לאחרים (והגמ׳ בדף יב: מפרשת דמיירי בשכרו מיוחד ללקוט לו מציאות).

**ג.** רבי יוחנן ס״ל דהמגביה מציאה לחבירו קנה חבירו (אפילו כשחב לאחרים), והמשנה שם בב״מ איירי כשאמר לשלוחו ׳תנה׳ לי ולא אמר ׳זכה׳ לי, ולא עשאו שליח לזכות בו לצורך בעה״ב, רק להביאו אצלו. התוס׳ מוסיפים על שיטת ר״י, דהיינו רק שם במציאה שיש סברא נוספת דמיגו דזכי לנפשיה זכי נמי לחבריה, אבל התופס לבע״ח (שאין הלוה חייב כלום לתופס, ולא שייך מיגו דזכי וכו׳), ודאי א״א לזכות לאדם במקום שחב לאחרים.

**הרמב״ן** מחדש בדעת ר״י, ד׳חב לאחרים׳ הפי׳ הוא שרק כשיש כבר לאחרים איזה שעבוד על החפץ, משא״כ מציאה כיון דעדיין לא זכה בו אדם, לאו ׳חוב׳ הוא לאדם אם אינו מוצאה, ובעל אבידה גופיה ג״כ כבר נתייאש ממנו.

**ד.** כתב רש״י שם (י. בד״ה הוי תופס וכו׳) כאדם הבא מאליו ותופס ממון חבירו בשביל חוב שיש לאחר

עליו וכו׳, ובד״ה לא קנה, כדאמר בכתובות דלאו כל כמיניה להיות קופץ מאליו, וחב לאלו, מאחר שלא עשאו אותו הנושה שליח לתפוס, עכ״ד. והקשו התוס׳ ע״ז, דלכאורה בגמ׳ כאן בכתובות מבואר, דאפילו כשעשאו שליח לזכות לצורכו, לא קני במקום שחב לאחרים, וע״כ חולקים התוס׳ על רש״י, ובודאי דין זה נוגע גם כשעושה שליח.

**ה.** בגיטין (יא.) מבואר במשנה, שהשליח יכול לזכות בשטר שחרור (ששלח הבעה״ב לעבדו) לצורך העבד, אפילו אם הבעה״ב רוצה לחזור משליחותו, ומדייק הגמ׳ דהתופס לאחד (העבד) במקום שחב לאחרים (הבעלים), קנה חבירו, ומתרץ הגמ׳ דשאני הכא דהבעה״ב עשאו שליח לזכות בו מיד, וא״כ לא שייך לומר שזה נחשב חב לאחרים. (רש״י שם לא הזכיר בכלל החילוק בין עשאו שליח ללא עשאו שליח, ועי׳ בש״ך סי׳ ק״ה שמעורר בזה).

**ובתוס׳** שם (ד״ה התופס) כתבו בזה״ל: אפילו עשאו שליח, כדמוכח בהכותב וכו׳ דאין חילוק דאפילו לא עשאו שליח, שלוחו הוא, דזכייה מטעם שליחות וכו׳. בפירוש דזכייה מטעם שליחות מפרש הרא״ש בב״מ, דאנן סהדי דניחא ליה, והוי כאילו עשאו שליח, א״כ מבואר דאפילו בשליח יש נפק״מ אי חב לאחרים אי לו, כיון דכל זכייה מטעם שליחות.

**ו.** הרא״ש ג״כ כותב כהתוס׳, ומוסיף עוד ראיה מסוגיית הגמ׳ בב״מ, שהמשנה שם לכאורה איירי כשעשאו שליח לזכות במציאה לצורכו, (וצ״ע שהתוס׳ לא הזכירו ראיה זו כלל, וע״ז יש אריכות גדולה ואכמ״ל). נמצא שיש לנו ג׳ ראיות נגד שיטת רש״י, סוגיות הגמ׳ בכתובות ובב״מ, וגם שכל זכייה מטעם שליחות היא.

**ז.** מקודם נבאר שיטת התוס׳, דלכאורה יפלא הא בכל התורה קיי״ל דשלוחו של אדם כמותו, וא״כ מה נשתנה הדין כאן דתליא אם הוא חס לאחרים או לא.

**בב״ח** (סי׳ ק״ה סק״א) כתב בזה״ל: דכיון שלא עשאו שליח בהרשאה, ויש לחוש שמא ביטל המלוה השליחות קודם שיתפוס, לאו כל כמיניה לחוב לאחרים וכו׳, משמע שיש איזה קלישות בהשליחות, ונחשב כאילו קופץ מאליו ואינו יכול לקפוץ לתפוס בעצמו, במקום שחב לאחרים. אבל לכאו׳ צ״ב דהא סוכ״ס עד כמה שלא ביטל השליחות, היה כאן שליחות גמור, ולמה לא יהא שייך כאן שליח של אדם כמותו. וע״ע ברא״ש בגיטין

שכתב: 'ולאו כל כמיניה לשווי' שליח כדי לחוב לאחרים', דהיינו רשאי לעשות שליחות כזה שחב לאחרים, וצ"ע למה.

**הפני** יהושע מפרש בדעת הרא"ש והתוס', שאפשר שנחשב שליחות לדבר עבירה, דדברי הרב ודברי התלמיד דברי מי שומעין, והאחרונים מבארים שכוונתו למצות ואהבת לרעך כמוך, שיש עבירה ל'השליח' לזכות בו לצורך המשלח במקום שחב לאחרים.

**הקצוה"ח** (סי' ק"ה סק"א) מקשה ע"ז, דבדרך כלל היסוד של אין שליח לדב"ע הוא רק כשהמשלח עובר עבירה, וכאן בודאי המשלח אינו עושה עבירה אם שולחו לזכות לצרכו, אם הוא בעצמו היה יכול לתפוס אותו. (ובאמת על יסוד זה יש אריכות גדולה, דלכאורה לפי היסוד דדברי הרב וכו' היה שייך יסוד זה, גם כשיש עבירה רק להשליח, ועי' בקה"י קידושין סי' ל"ט).

**האבן** האזל (הל' מלוה ולוה פ"כ ה"ב) מפרש, שאפשר לומר דעיקר שליחות ילפינן מתרומה, גירושין וקידושין, ולא ילפינן הך דין שאין שליח לדב"ע רק כשהשליחות נוגע להמשלח, דנתנה התורה זכות לעשות שליח, רק כלפי עצמו, ולא כשעצם השליחות נוגע בזכיה של חבירו, דבתרומה פשוט שאין השליחות נוגע רק להמשלח שנתקנו פירותיו, ואגב ממילא נאסרו התרומה לכל ישראל, אבל זה אינו נוגע בעיקר החלות שע"ז עושה שליח. בקידושין וגירושין עצם השליחות נוגע רק להאיש והאשה, אם יש כאן 'אישות' או לא, דמה זה פוגע בחבירו אם אשה זו אשתו או לא, רק דממילא בפועל יוצא נעשית האשה אשת איש או אסורה לכהן בגרושה, דעיקר הנקודה כאן שנעשה אשתו או שנתגרשה, אפילו לו יצוייר דגרושה מותרת לכהן, או שאשת איש מותרת לישראל, משא"כ בממון, שעיקר השליחות הוא ע"ז שהמשלח יזכה בהחפץ ולא אחר, שאין שום מעלה בחפץ שגם אחר יכול לזכות בו.

**נמצא** שיש לנו ג' מהלכים בדעת התוס', או כהב"ח או כפשטות הרא"ש כפי ביאור הפנ"י או כדברי האבה"ז.

**ח.** לבאר שיטת רש"י, קודם כל על סברת התוס' בגיטין, הא כל זכייה מטעם שליחות, ואפ"ה יש חילוק אם חב לאחרים או לא, מפרש הקצוה"ח דאה"נ התוס' כתבו זאת לשיטתם בדף יא. דכל זכייה אנן סהדי דעביד ליה שליח, דהיינו שיש במציאות 'שליחות' בכל זכייה. אבל

לכאו׳ כל זה פלא, דהא מבואר בגמ׳ (בב״מ כב.) דאליבא דמ״ד יאוש שלא מדעת לא הוי יאוש, גם שליחות שלא מדעת אינו נחשב כשליחות, א״כ לא שייך מושג של שליח שלא מדעת המשלח.

**אלא** שיש גזה״כ חדש שנלמד מכח הפסוק ׳איש זוכה׳ (קידושין מב.), מעתה בחידוש זה יש לחלק בגדרו, האם הגדר הוא משום ׳יד׳ (כמו בחצר), או שגדר חידוש התורה שנחשב כשליחו (והנפק״מ האם נכרי יכול לזכות לצורך ישראל), אבל אין הכוונה שיש כאן שליח במציאות. ולפי״ז לא קשה כלל, דאה״נ ב׳זכייה׳ באופן שחב לאחרים, אין בו שם זכייה, כיון שברגע זה ג״כ חב לאחרים, וע״כ לא שייך שם חידוש התורה שאין זה נקרא ׳זכייה׳, משא״כ בסתם שליחות שנתרבה מדין ׳שליחות׳, ודאי לא שייך נפק״מ אי חב לאחרינא או לא.

**והקצות** מוסיף שבזה מתורץ ג״כ קושית הרא״ש מהמשנה בב״מ. וראיתי פירוש בזה, בפשטות המשנה שם הגם שלההו״א בגמ׳ משמע שהוא לשון ׳זכה לי׳, אין הפירוש שציוה לו לזכות במציאה לצורכו דהיינו שליחות גמורה, אלא שגילה דעתו שניחא ליה אם השליח זוכה לצורכו. אבל לפי״ז אתה צריך לדיני זכייה, ואינו שליח גמור, ושייך כאן היסוד של תופס לבע״ח. אלא שע״פ פשטות ג״כ קשה לרש״י, דבפשוטו הפירוש ברש״י דלאו כל כמיניה להיות קופץ מאליו, משא״כ באופן שהמשלח גילה דעתו, אפילו אי הוי מדין זכיה, ע״ז כתב הקצות דלפי פירושו ברש״י, דתליא אם אנו באים בכח זכייה או בכח שליחות, א״כ מובנת הסוגיא בפשיטות לפי רש״י ג״כ, דהא סוכ״ס אנו באים ג״כ בכח זכייה.

**ולפי״ז** לכאורה אפשר לפרש גם סוגייתינו בכתובות, דבאמת השטמ״ק כבר מדייק שמשמע מרש״י דלא גרסינן זיל תפסיה ׳ניהליה׳ רק שאמר לו ׳זיל תפסיה׳, ולכאורה משמע מזה שלא אמר לו בהדיא לתפוס אותו ׳לצרכו׳, רק שיתפוס אותו, ופשוט שבזה שאמר לו כך, גילה דעתו שרוצה שיזכה בו לצרכו, אבל לא ציוה לו בהדיא ע״ז שיהא נחשב שלוחו. א״כ פשוט שכיון שחב לאחרים, לא מהני, ועוד יותר שלפי״ז מובן לשון רש״י ׳כדאמר בכתובות לאו כל וכו׳ להיות קופץ מאליו׳ וחב לאלו, דק״ק האיך מוכח כן בכתובות. אלא כיון דל״ג ׳ניהלי׳ משמע דיש נפק״מ אם יש כאן שליח או לא.

**ט.** הב״ח מפרש ברש״י, דבאמת ס״ל כשיטת התוס׳, ולפי שיטתו האיך

שביאר התוס׳ לעיל (אות ז), א״כ יש לחלק שכוונת רש״י לאופן שכתב הרשאה, שודאי באופן כזה אין המשלח יכול לחזור מהשליחות, מאחר שעשאו בעלים על החפץ, וא״כ פשוט שהשליח יכול לעשות שליחותו גם כשחב לאחריני, כיון שהשליחות כאן אלימא ביותר [ונעשה גם קצת בעלים על החפץ].

(**אלא** שצ״ע קצת, שלפי פשוטו אין כוונת רש״י לכך, שרש״י איירי במציאה, שבדרך כלל במציאה אין עושים הרשאה, כי הרשאה עושים רק במקום שהנתבע יטעון להשליח ׳לאו בע״ד דידי את׳, וכאן במציאה אין כאן נתבע כלל, חוץ אם אה״נ דברי רש״י קאי רק תופס לבע״ח, ששם בדרך כלל כשעושים שליח, עושים זאת בהרשאה).

**י.** השׁ״ך מציין שיש מתרצים שכוונת רש״י שרק באופן שעשה שליח ׳בעדים׳, ליכא חסרון של חב לאחרים, משא״כ בשליח בלי עדים משמע שבאופן כזה יש קלישות בהשליחות, וצריכין יותר לדין של זכייה. (ומקשה ע״ז דחוץ מזה שבסתם אינו מסתבר שכוונת רש״י לכך, לכאורה מסוגיא דכתובות מוכח דאיירי בשליח בעדים, ולכאו׳ כוונתו כפי מה שביאר השטמ״ק כאן, דאם לא היו כאן עדים, היו רב פפא ורב הונא בריה דר״י יכולים לעכב את השליח ממקום אחר, דמאן יימר שאתה שלוחו בכלל, אפשר שכוונתו היתה שתתפוס את החפץ ולהביאו אצלו, ולא תזכה בהחפץ בעדו, משא״כ כשייחד לו בעדים ואמר לו בהדיא שיתפוס החפץ לצורכו או עכ״פ דניחא ליה שיתפוס אותו לצרכו כנ״ל).

**יא.** השׁ״ך (סי׳ ק״ה סק״א) מפרש שודאי ס״ל לרש״י כמו להתוס׳, שבסתם שליח אין לו רשות לעשות שליח במקום שחב לאחרים, רק שכוונת רש״י למה שכתב הגמ׳ אח״כ, דשאני ׳פועל׳ שידו כיד בעה״ב, והגמ׳ בדף יב. מקשה ע״ז מ״ש פועל מעבד עברי, שמציאתו לעצמו. והגמ׳ מפרשת, דפועל דידו כידו, הוא רק באופן ששכרו ללקט מציאות. עכ״פ היוצא מזה שבכ״א ששילם לו מעות לעשות שליחותו, יש סברא חדשה של ידו כידו. וזה כוונת רש״י כשכתב שקפץ מעצמו, הפירוש שאין לו שום הנאה עצמית משליחותו, ע״ז יש חסרון כשחב לאחרים, משא״כ ב׳שלוחו׳ הפירוש ששילם לו מעות על כך. ולפי״ז סוגייתינו ביימר בר חשו, וכן קושית הרא״ש מהסוגיא דב״מ מתורץ שבאלו האופנים היה סתם שליח.

(**אלא** שהתומים מדקדק ע״ז שבאמת למה רק כשמשלם לו על שליחותו נחשב ידו כידו, מה

החילוק של בשכר או בחנם, הא סוכ"ס גם בחנם יכול השליח לטעון הריני כאילו התקבלתי שכר, ומה הנפק"מ כלפי אחרים. ויש שרוצים לפרש לפי סברת הפנ"י ששייך כאן אשלד"ע, מסתבר שבאופן שנוטל שכר ע"ז, אין זה נחשב עבירה, כיון שלעצמו הוא עושה כן. אלא שיש לעיין שא"כ אין אנו צריכים לדין 'ידו כידו' שמשמע כאן סברא חדשה דומה לעבד כנעני לכאורה).

**יב.** המחנה אפרים מפרש בשיטת רש"י, ששם בסתם תופס לבע"ח במקום שחב לאחרים, איירי כשתופס מעות, דהיינו תשלומי החוב, ע"ז מסתבר שמהני שליחות במקום שחב לאחרים, משא"כ כאן בכתובות איירי כשתופס מטלטלין דאינו אלא משכון, וע"ז פשוט שבאופן שחב לאחרים אינו עושה שליח.

**וביאר** בזה הבית הלוי עפ"י הנמוק"י בב"מ שמחדש חידוש גדול, דלא שייך מושג של שליחות רק כשבעל הממון עושה שליח (עיי"ש בנמוק"י על המשנה יא.), וא"כ צ"ע האיך מהני שליח במציאה וכדומה, שהממון אינו שייך להמוצא. וצריכין לחדש שהתפיסה והזכייה ועשיית השליח, נעשים כאחד (כמו בשחרורי עבדים דגיטו וידו באין כאחת), והו"ל כמו שאמר המשלח לכשתתפוס עבורי היה שלוחי. וא"כ פשוט שכאן בסוגייתינו בכתובות, כיון שאינו אלא משכון, א"כ לא נעשה כלל בעל הממון, וא"כ לא מהני שליחות כלל. ולכאורה ע"ז שכתב הגמ' שיש חסרון של תופס לבע"ח וכו', דלכאורה בסתם אינו שלוחו, אפשר דלגבי גזירת הכתוב של 'איש זוכה' שיכול לזכות בעד חבירו, ע"ז לא שייך חידושו של הנמוק"י (עכ"פ אי זכייה אינו מדין שליחות), אבל באופן שיכול לעשות שליח, ודאי אין שום נפק"מ אי חב לאחרים או לא, כיון ששלוחו של אדם כמותו, וכמו שכתב הקצוה"ח. רק שקושית הרא"ש אינה מתורצת לפי"ז כיון ששם איירי במציאה, וצ"ל ששם בהמשנה 'תנה לי', פירושו כמו שכתבנו לעיל, שאינו אלא גילוי דעת שרוצה שיזכה בעדו ולא שליח גמור.

**יג.** היוצא מכל הנ"ל בס"ד, במציאה - יש מחלוקת בגמ' האם שייך שם החסרון של תופס לבע"ח וכו'. בבעל חוב - לפי שיטת התוס' לכאורה גם בשליח גמור שייך החסרון, לפי רש"י כפשוטו רק כשתופס מאליו וכפי פירוש הקצות שחסר בגדר 'זכייה', א"כ זה שייך גם כשגילה דעתו שרוצה ששלוחו יזכה בזה לצרכו, דסוכ"ס אינו שלוחו. לפי שיטת הב"ח וכך נקטינן להלכה, תלוי אם עשה שליח

בהרשאה או לא. הש״ך בתירוצו הא׳ ר״ל בדעת רש״י שהנפק״מ הוא אם עשה שליח ב׳עדים׳ או לא, והש״ך מחלק בין אופן ששכרו לפועל (ובאמת כך מבואר בהסוגיא שם כפשוטו, ועי׳ בתומים שמפרש הסוגיא באופן אחר) או שלח סתם שליח. לפי המחנה אפרים ס״ל לרש״י שיש נפק״מ בין עשאו שליח או לא, והסוגיא בכתובות מיירי באופן שאינו נעשה שלוחו, כיון שאינו נעשה בעל הממון.

**כמובן** שיש בסוגיא זו עוד אריכות גדולה בדברי האחרונים עם עוד מהלכים וסברות, ועוד חזון למועד אי״ה.

## סוגיא דגזלן ע"מ לאבד

(נכתב בשנת תשפ"א לפ"ק)

**א.** הגמ' מס' ב"ק דף צ"ח ע"א אמר רבה הזורק מטבע של חבירו בים הגדול, והמים צלולין, דקא חזי המטבע, פטור (מדיני מזיק), דאמר ליה הא מנך קמך, (דהיינו דהחפץ אינו אבוד בכלל), ורש"י מוסיף דאי משום דבעי' ליתן ממון לגוי למישט ולמישקליה, 'גרמא היא' שגורם להפסידו ממון, וגרמא בנזקין פטור. והגמ' ממשיך דה"מ דאדייה אדויי. (שהיתה ביד בעלים, והכהו זה תחת ידו, וע"י כן ניתזה לים) אבל אם שקלי' בידי' 'מיגזל גזליה והשבה בעי למיעבד' (וזה אינו נחשב השבה, כשהמטבע בתוך המים).

**נמצא** מבואר מכאן דאחד שמגביה חפץ של חבירו ע"מ לאבדו ולא ע"מ לגזול החפץ לעצמו, ג"כ יש לו קניני גזילה (דהיינו להתחייב באונסין ובהשבה) ואפי' כאן שאינו אלא איבוד ע"י גרמא יש לו ג"כ דין גזלן דהא למעשה גזליה מבעה"ב, וכך פסק הש"ך (סי' שפ"ו ס"ק כ') ג"כ לענין זה שמבואר בגמ' דאחד שזרק כלי של חבירו מראש הגג והיו תחתיו כרים וכסתות (באופן שא"א להשבר) ואח"כ חזר הוא בעצמו ונטל את הכרים פטור דעל שעת זריקה לא היה ראוי להישבר ועל נטילת הכרים אינו אלא גרמא ע"ז מוסיף הש"ך דזה מיהא כשלא הגביה בידו, אבל הגביה בידו יש לו חיוב השבה כדין גזלן וצריך להשיב כלי גמור.

**ב.** והנה האחרונים מקשים מהגמ' דף נ"ו ע"ב על המתני' בהוציאה לסטים שורו מחצירו הם חייבין על כל הניזקין שהשור עושה, והגמ' מקשה דפשיטא כיון דאפקיה קיימו ברשותיהו ומפרש התוס' דכיון דהבעלים היו חייבין בשמירתה, ומעתה אין הבעלים יכולים לשומרה לפי שנגזלה מהם, יש על הגזלן לשומרה, 'דלענין נזקין מיקרי הבעלים מי שבידו לשומרה', ומוסיף עוד יותר דסברא היא דכיון דקמה ברשותיה דגזלן לענין אונסין יש ליחשב בעלים גם לענין להתחייב על נזקיה. והירושלמי מוסיף על זה (וכן פסקו התוס' והרא"ש וטוש"ע) דה"מ כשהוציאה לגוזלה משמע מזה דכשהוציאה סתם ע"מ לאבד הבהמה לא נחשב גזלן, וצע"ג.

**ג.** וכן קשה על הרשב"א במס' גיטין דף נ"ב: על המתני' המטמא המדמע והמנסך (יין של חבירו) חייב,

ומביא הגמ׳ מחלוקת רב ושמואל האם כוונת המשנה למנסך ממש יין של חבירו או למערב יין של חבירו עם יין נסך, ומפ׳ הגמ׳ לפי הצד דהיינו מנסך ממש דהגם דלכאו׳ יש קם ליה בדרבה מיניה שחייב מיתה על ניסוך לעבודה זרה מפרש הגמ׳ שכיון שאגביה ע״מ לגזול כבר נתחייב ממון והמיתה לא נתחייב אלא בשעת ניסוך, ע״כ לא שייך קם ליה בדרבה מיניה. ומוסיף הרשב״א דמ״ד מערב קסבר דכיון דבמתני׳ לא נזכר שאגביה ע״מ לגזול ע״כ לא שייך תירוץ זו ולכאורה מה בכך דלא אגביה ע״מ לגזול, מזה לבד דאגביה ע״מ לנסכו כבר יש לו דיני גזילה, לפי מה שבארנו.

**ד.** והנה בס׳ ׳חידושי רבינו חיים הלוי׳ (הלכות חובל ומזיק פ״ז ה״ב) מייסד דהסברא האיך גזלן ע״מ להזיק יש לו דיני גזילה, דכל שעשה קנין של גזילה משיכה או הגבהה אף שלא עשה זאת לשם גזילה ולא לשום תשמיש ורק כדי להזיקו מ״מ נעשה בזה גזלן, דמעשה הנזק שעשה אח״כ מצטרף למעשה המשיכה והגבהה להעשות גזלן ע״י כך, ועיי״ש בראייותיו ליסוד זו, לפי זה נמצא דבמנסך כיון שהיזק שאינו ניכר בעצם לא שמיה היזק (אלא שחייב משום דקנסו חכמים כמו שמבואר שם) א״כ אין כאן ׳נזק׳ שמצטרף למעשה גזילה שיקרא גזלן, ועל כן שם כשהגביה רק לנסך לא נקרא גזלן ור׳ חיים מוסיף דכמו כן כשהנזק בא ממילא ואין בו דין מזיק כגון באופן שהוציאוהו לסטים שנתכוונו רק שתיאבד ממילא ולא שיזיקוהו בידים א״כ ממילא דליכא דין גזלן גם בעצם הלקיחה ומובן ג״כ הסוגיא דף נ״ו: ב׳הוציאוה לסטים׳.

**אלא** דלכאו׳ צריך עיון גדול על יסוד זה, מסוגייתינו בדף צ״ח דכאן בודאי לא נתחייב בדין נזק ואפ״ה מבואר כאן דיש לו תורת גזלן (וכן הקשה הגר״ש רזובסקי זצ״ל) וצ״ל דאה״נ דהתורה לא חייבה זה שזרקו לים כיון שאינו אלא גרמא, אבל למעשה בודאי עשה כאן מעשה היזק שיוכל להצטרף ליקרא גזלן אלא דהתורה לא חייבה אותו ע״ז, משא״כ במנסך להלכה דהיזק שאינו ניכר לא שמיה היזק א״כ לא עשה מעשה היזק בכלל, וכן בהוציאוהו לסטים ג״כ לא עשה שום מעשה היזק אלא גרמו שתיאבד ממילא משא״כ בזה שזרק המטבע לים בזה עצמו עשה מעשה היזק, ועדיין צ״ע.

**ה.** התרומת הכרי (סי׳ שפ״ו ס״ג) מחלק באופן אחר דבאמת כל גזלן יש לו שתי הלכות חלוקות, א. והשיב את הגזילה אשר גזל, דאם

החפץ בעין צריך להשיב החפץ (חוץ אם קנאו בשנוי מעשה וכדו׳) ב. דיש לו חיוב ׳ושלם׳ דהיינו אם החפץ אינו עוד בעין אפי׳ אם היה אונס צריך לשלם ממון, ומעתה כאן במגביה ע״מ להזיק יש לו דין ׳והשיב׳ דכשהוא בעין צריך להשיבו, ואפי׳ אם נשבר צריך לשלם השברים, אבל חיוב אונסים אין לו בכלל (וכן אם נפחת ע״י שבירה, אינו משלם הפחת) ולפי זה מובנים כל הסוגיות, דכאן מבואר דכשהמטבע בעין יש לו חיוב והשיב ועל כן כשהיא בים לא קיים החיוב והשיב, ושם בדף נ״ו: לענין הוציאהו לסטים ג״כ מובן דכיון דלא נתחייב באונסין ג״כ לא נתחייב על נזקיה, וכן הרשב״א שם בגיטין מובן דכשמגביה היין ע״מ לנסך על ההגבהה לא נתחייב אלא בחובת השבת היין בעין וזה למעשה נתקיים (וכל המדובר שם אינו אלא על ההיזק הנעשה מכח הניסוך) משא״כ כשמגביה ע״מ לגזול נתחייב גם בתשלומי אונסין ופחת שנפחת מכחו, וע״כ מיד כשאגביה נתחייב על הניסוך אבל התרומת הדשן מסיים דאין דעתו נוחה בכל זה דמהיכ״ת שיהי׳ לגזלן זה רק חלק מדיני גזילה.

**ו.** עיקר התי׳ מה שמבואר ברוב האחרונים (בש״ך, בפנ״י ועוד) הוא, דכל גזלן ע״מ להזיק בודאי יש לו גם חיוב אונסין אלא שלא נתחייב על הניזקין שהשור עושה, ולפי״ז מובן סוגייתינו דנתחייב על זה שזרקו בתוך הים אבל שם בדף נ״ו: לא נתחייבו הלסטים על זה שהבהמה הזיק אחרים, ולכאור׳ הסברא בזה פשיטא (וכן איתא בחזו״א) דאה״נ דיש לו קניני גזילה אבל סוכ״ס לא קיבלו עליהם שמירה בכלל.

**ז.** הגם שבאמת זה ג״כ צ״ע דהא התוס׳ כתבו דבכל אופן שנתחייב באונסין סברא היא שיתחייב בנזקיו, הדברי יחזקאל (סלבודקא) מסביר דבאמת למה יא זה שונה מ׳שואל שלא מדעת׳ דהיינו א׳ ששואל חפץ של חבירו ע״מ להשתמש בזה, שלא מדעת בעה״ב, מבואר בגמ׳ דיש לו דין גזלן אף דאין רצונו לקנותו א״כ מה לי אם רצונו לעשות בו חפצו לתשמיש או שהוא רוצה למלאות חפצו לאבדו.

**והנה** הראב״ד בדף צ״ז. [אצל הסוגיא דהתוקף ספינתו וכו׳] בתו״ד כתב ׳הו״ל כשואל שלא מדעת דאע״ג דמשוינן ליה כגזלן לכל האונסין אפ״ה לא נפיק מכלל שואל וכו׳ ומבואר שם המשך דבריו דהגם דהוי גזלן להתחייב באונסין אבל אינו גזלן לענין קניני גזילה לקנות בשנוי וכיו״ב, והטעם בזה, כתב הדברי יחזקאל, דאין הגזלן

קונה הגזילה לטובתו בע״כ דאה״נ דלענין אונסין אמרינן דבע״כ חייביה רחמנא אבל כל הקנינים שבאים מכח הגזילה, א״א שיקנה בע״כ, וא״כ ה״ה בגזלן ע״מ לאבד שלא רצה לקנות החפץ לעצמו, אה״נ שיתחייב באונסין כמו שש״מ אבל אין לו כל קניני גזילה, ומה שכ׳ התוס׳ בהוציאוהו לסטים דכיון דקיימו ברשותייהו לענין אונסין נתחייב גם על נזקיה, כוונת התוס׳ לבאר דכיון דרואין דאחשביה רחמנא כבעלים על החפץ גם לטובתו (לקנות בקניני גזילה) מחמת זה שחייב באונסין ע״כ חייב גם על נזקיה.

**ומש״ה** בגנב ע״מ לאבד אה״נ שמחויב באונסין, כיון שאין לו שום קניני גזילה לא חשיב אפי׳ מקצת בעלים להתחייב בנזקין, אלא דעדיין צריך ליישב לפי״ז דברי הרשב״א שם בגיטין, דשם משמע דגונב ע״מ לנסך, לא שמיה גזלן אפי׳ להתחייב באונסין, ומפ׳ הדברי יחזקאל, דבאמת זה פשוט כשא׳ גונב ע״מ להשיבו (ושלא להשתמש בזה) [אה״נ שיש לאו ע״ז] בודאי אין לו דין גזילה, וממילא בגונב יין כיון שגונב ע״מ להשיבו ליד הבעלים ,אלא שרוצה לנסך היין קודם ההשבה, ובהניסוך, בודאי לא הפקיע החפץ מרשות בעלים, כמו שרואין דיכול לפטור אח״כ עצמו ביין זה באמירת הרי שלך לפניך, א״כ אין לו בכלל דיני גזילה, דדוקא באופן שעושה היזק שמפקיע החפץ מרשות בעלים, באופן זה אפשר לדמותו לשואל שלא מדעת, ושיתחייב באונסין בע״כ, אבל כשאינו מפקיע החפץ בכלל מהבעלים אין סברא שיתחייב בשום דיני גזילה דנחשב כמו גוזל ע״מ להחזירו.

**ח.** והנוגע להלכה: לפי הגר״ח - אם גזל ע״מ להזיק באופן שיתחייב על היזק זה (או עכ״פ שעשה מעשה היזק) יש לו כל דיני גזילה (כיון שמצטרף וכו׳), משא״כ אם גזל ע״מ שתיאבד ממילא (או שיזיק בהיזק שאינו ניכר - לפי הרשב״א) אין לו דיני גזילה (אפי׳ להתחייב באונסין). לפי התרומת הכרי - כל גזלן ע״מ לאבד, יש לו החיוב והשיב הגזילה שהוא בעין אבל לא חיובי אונסין וחיובי תשלומין. לפי רוב האחרונים - ( ע״פ הביאור של הדבר״י) כל גזלן ע״מ לאבד בגוף החפץ יש לו חיוב כמו שואל שלא מדעת שיש לו חיוב אונסין אבל לא כל הקנינים של גזילה (כמו לקנות בשנוי) וע״כ אינו נחשב הבעלים להתחייב בנזקיה.

# מדור קריבו שושבינין

## הרב יהושע אלעזר ווייס

### בענין תפיסה שלא בעדים בהעברה בנקאית לחשבונות אחרים והמסתעף

**שאלה.** ראובן[א] הוא בעל חנות גדול ולפני כעשרים שנה קבע עם שמעון להיות מנהל החנות שלו, דהיינו לעמוד על הזמנת הסחורות מהסיטונאים ולראות שהסחורות נמכרים במחיר הראוי, ולדאוג על תשלומי הפועלים שנשכרו על ידו בחנות, וגם לדאוג על סידור החשבונות להכינם בשביל הרואה חשבון, ולהיות בקשר מול הבאנק למען יתנהל הכל על מי מנוחות. ובקיצור שמעון היה מנהל כל החנות, עד כדי כך שהוא היה יודע ומכיר בכל פרטי הביזנעס עוד יותר מראובן הבעלים.

**כל** התשלומים שהיה צריכים לצאת מחשבון החנות היה נעשית רק ע"י שמעון, ולו ניתנה קוד של הבאנק, וכך התנהל הדבר למשך של כעשרים שנה. בתקופה זו היה שמעון מסור בלב ונפש לטובת העסק, באופן שכל הרואה מבחוץ היה חושב שכביכול שמעון הוא בעל העסק בעצמו מאחר שהוא דאג על ניהולו ועל פריחתו בנאמנות יתירה.

**במשך** אותם השנים בא שמעון לראובן כמה פעמים עם בקשות שונות על תוספות תשלום בעקבות פעולות שונות שהיה עושה שמעון לטובת ראובן. לטענת שמעון היה קיצבת תשלום שלו על פעולתו כפחות שבפועלים ממש, ולכן כל פעולה שהוא היה עושה לטובת החנות אשר לא היה כלול בסדר

---

א. שיניתי בפרטי המציאות בכדי לשמור על פרטיות בעלי הדין, וגם בכדי להתמקד רק על השאלה הנוגע להלכה.

היום יום היה הוא מבקש מבעל החנות תוספת תשלום. תשובת ראובן השתנתה כפי הזמן, לפעמים הסכים ראובן לשלם תוספת פה ושם, ולפעמים נתוכחו ביניהם ולבסוף ענה ראובן במילים המשתמעים לתרי אנפי, ולפעמים גם סירב ראובן להוסיף, אבל באופן כללי היו היחסים ביניהם טובים. אך במשך השנה האחרונה נתוכחו הרבה ביניהם, ולטענת שמעון כבר הצטבר סכום עתק ממה שהסכים ראובן להוסיף על משכורתו מהשנים שעברו - על כמה פעולות שונות - וטרם ניתן לו, והגיעו למצב שהיחסים התדרדרו ביניהם עד שראובן הודיע לשמעון לעזוב פעולתו ושבנתים הוא יחפש למי שיוכל למלא מקומו של שמעון לנהל את החנות.

**בראות** שמעון שימיו בפעולתו הם ספורים, ישב ועשה חשבון על כל מה שלטענתו נשאר ראובן חייב לו באופן ברור, ויום קודם שעזב את החנות העביר סכום של 100 אלף ליש"ט מחשבון החנות לחשבונות באנק של אחרים שהיו אוהביו ומיודעיו, וזאת מבלי להודיע את ראובן. כשמוע ראובן דבר זה התחיל לצעוק עליו בקול רעש גדול ואיים עליו בכמה איומים עד שנתערבו עסקני העיר ובאו לבי"ד להתדיין.

**ראובן** תבע את שמעון בבי"ד על חטיפה זו בטענה פשוטה של "גזלת ממני", אך שמעון השיב שראובן חייב לו על אלו הדברים מחמת הבטחות שונות כנ"ל. הצדדים נתוכחו הרבה בבי"ד בכמה דברים, ולאור הויכוחים הנ"ל חשוב מאד לקבוע מי הוא המוחזק באלו המעות שהעביר שמעון בלתי ידיעת ראובן, בכדי שנדע מי הוא המוציא שעליו להביא ראיה לדבריו.

**תפיסה בעדים - בתפיסת חפץ שלא בפני הבעלים**

**תשובה.** שנינו כמה פעמים בש"ס ובשו"ע שכל התופס ממון בפני עדים אינו נאמן לטעון שלי חטפתי[ב], ורק כאשר אין עדים על התפיסה יכול לטעון אין חטפי ודידי חטפי, ובפשטות נאמנות שלו מדין מיגו שהיה יכול לטעון לא חטפתי מאחר שאין עדים על חטיפתו. וגם התופס בפני עדים - אם אין עדים שהחפץ עדיין נמצא ברשותו - נאמן הטופס לטעון דידי חטפתי במיגו שהיה יכול לטעון החזרתי[ג].

ב. עי' חו"מ סימן צ' סעיף ט"ו

ג. ראה ש"ך שם סקמ"ג

ולכן בראש וראשונה צריכים לעיין
בנידו"ד האם תפיסה זו נחשב
כתפיסה בעדים, מכיון שדבר זה
מתברר בעדים שעברו כספים אלו
מחשבונו של ראובן לחשבונות של
ב"כ של שמעון, שהרי בזמנינו רואים
הכל בדפי חשבון הבאנק כל פרוטה
לאיזה חשבון הוא עובר, וא"כ הרי
יש כאן "עדים וראה" ואין לו שום
מיגו של טענת "לא תפסתי" או
טענת "פרעתי", ולכאורה יתחייב
שמעון להחזיר הכסף.

אבל באמת כל הנ"ל אינו אלא
כאשר ראו עדים "מעשה
חטיפה" - דהיינו שראו שהחפץ עובר
מרשות ראובן לרשות שמעון נגד
רצונו של ראובן וככל מעשה גזילה,
משא"כ בנידו"ד אע"פ שיכולים
לראות העברת כספים בדפי חשבון
מ"מ אין רואים בזה איך שנעשה
הדבר נגד רצונו של ראובן.

אלא שעדיין יש לדון עפ"י מש"כ
הרי"ף והראשונים בסוגיא
דנגזל במסכת שבועות[ד] דגם היכי
שראו עדים שנכנס שמעון לבית
ראובן שלא בפניו אין שמעון נאמן
לטעון שנכנס ברשותו של ראובן,
וחייב להחזיר מה שהוציא משם.

ובפשטות הבנת הדברים הוא שלקיחת
חפץ שלא בפני הבעלים ג"כ מתפרש
כמעשה גניבה, וא"כ אולי ה"ה
בנידו"ד אע"פ שאין כאן עדים על
מעשה חטיפה נגד רצונו של ראובן
מ"מ לכאורה לא יהא שמעון נאמן
לטעון שעשהו ברשות, ושפיר יחשב
כעדים וראה ויתחייב שמעון להחזיר.

אך בפשטות אין הנידון דומה
לראיה, שהרי התם איירי
שעכ"פ ראו עדים איך שנכנס שמעון
לבית ראובן שלא בפני ראובן ולכן
ס"ל להני ראשונים שמכיון שראו
מעשה לקיחה שלא בפני הבעלים
נחשב ראיה על מעשה חטיפה. אבל
בנידון דידן הרי גם על זה אין עדים,
ושמעון היה יכול לטעון שראובן
בעצמו העביר הכספים, או עכ"פ
שראובן הורה לו בשעת מעשה
להעביר הכספים, וא"כ גם כאשר
הודה שמעון שעשה כן שלא מדעת
ראובן שפיר נאמן במיגו.

### יצא לו שם גניבה בעיר

עוד יש לדון שמכיון שתיכף אחרי
ההעברה מיחה ראובן בפני
כמה עסקנים על גניבת שמעון, יש
לדמות נידון זה ליצא קול גניבה
בעיר המבואר בסימן שנ"ז דאין

ד. ובשו"ע שם סעיף י"ד ובשו"ע סימן שס"ד

לאחרים חזקה על חפציו וצריכים להחזיר ע״כ.

**אבל** פשוט דדינא דהתם לא דמיא לדהכא, דהתם לא מהני קול גניבה בעיר אלא בצירוף הסברא שבעה״ב אינו עשוי למכור כליו להשוותו כדין כלים העשויים להשאיל ולהשכיר שאין לו חזקה נגד חזקת מ״ק, אבל במקום שעשוי למכור כליו, או בנידו״ד דאיירי בתשלום מעות לא מעלה ומוריד ענין זעקת ראובן בתר חטיפת שמעון.

**אלא** שאולי היה אפשר לדון דבר חידוש דזעקה בפני עדים תיכף אחרי החטיפה נחשב כחטיפה בעדים, שהרי כל בר דעת יחליט בדעתו שאירע בפניו חטיפה ע״כ. אבל לכאורה חידוש כזאת צריך לראיה, דכל היכי שלא ראו עדים שום דבר ותחילת ראייתם הוא שראובן צועק בפניהם שלפני כמה דקות חטף שמעון ממנו חפץ מסויים, ואילו שמעון טוען בפנינו שראובן נתנו מדעתו ונתחרט תיכף אח״כ, מהיכי תיתי שזה יחשב תפיסה בעדים.

בן בית הנו״נ אין לו חזקה על חפצים הידועים לבעלים - ובדין חזקת מר״ק במטלטלין שאין להם חזקה

**עוד** נקודה חשובה יש לעיין שמכיון ששמעון היה נושא ונותן בעסק של ראובן אין לו חזקה על חפצים הידועים לראובן, וכדין שותפים ואשה הנו״נ בתוך הבית וכדומה. ובאמת שכן מבואר להדיא בסימן ס״ב ברמ״א דאע״פ שיש לבן בית חזקה על חפצי עצמו מ״מ אין לו חזקה על חפצים שהיו ידועים להבעלים. והסברא בזה פשוט דלית כאן אחזוקי אינשי בגנבי לא מחזקינן וכעין גודרות או דברים העשויים להשאיל ולהשכיר. ולכאורה זהו טענה מעולה נגד שמעון שיהא צריך להחזיר הכסף שהעביר מחשבונו של ראובן.

**והנה** נחלקו הפוסקים בהא דדברים העשויים להשאיל ולהשכיר דאזלינן בתק חזקת מר״ק, מה הדין היכי שהחפץ הוזק ע״י המחזיק ואינו בעין האם מוציאים דמיו מידי המחזיק. התומים נסתפק בזה [אורים סי׳ ע״ב סקפ״ז] והנתה״מ [בחידושים שם סקס״ה] נקט שאין מוציאים מיד המוחזק, דלא מהני חזקת מר״ק אלא להחזיר עצם החפץ לידי הבעלים אבל לא להוציא דמיו מידי המוחזק.

**אלא** שיש להעיר על זה מדין המבואר בב״מ דף ק״ב ובסימן שי״ב דחודש הי״ג בחזקת בעליה עומדת ומוציאים דמי השכירות מהשוכר. הרי מבואר דחזקת מר״ק מהני גם להוציא דמיו

מהמוחזק, וכבר העיר בזה בנחל יצחק סימן ע"ב על התומים והנתה"מ וראה שם עוד באמרי בינה מזה.

**ויש** לחלק בכמה אופנים, א) דשאני התם דנולד הספק כבר קודם חודש הי"ג ומיד הוכרע דקרקע בחזקת בעליה עומדת על כן התחייב השוכר לשלם עליה, משא"כ בדברים העשויים להשאיל ולהשכיר והוציאו המחזיק ורק אח"כ נולד לנו ספק עפ"י טענותיהם נמצא שמעולם לא הוכרע על החפץ בעצמו שהוא של מר"ק ועל כן אין מוציאים מידי המחזיק. ב) דשאני קרקע שעדיין נמצא בפנינו ועל כן מכריעים עליו שהוא בחזקת בעליה גם במה שנוגע לשכירות למפרע, משא"כ בחפץ שכבר אינו בפנינו וכל הנידון אינו נוגע אלא על דמיו אין חזקת מר"ק מכריע על דמיו. ובאחרונים ישנם עוד מהלכים לבאר החילוק.

**ולכאורה** יסוד הנ"ל מבואר גם בקצה"ח, עי' בסי' ע"ט סק"ב בדין מנה מניתי בפני פלוני ופלוני וכו' שהק' הקצה"ח דמעות הרי הם דברים העשויים להשאיל ולהשכיר ואיך יש למקבל המעות חזקה נגד המר"ק, ותי' דכיון דגוף המעות להוצאה ניתנה ואין להמר"ק אלא תביעה על דמיו, לא מהני חזקת מר"ק להוציא מידי המוחזק ע"כ.

ובמושכל ראשון הרי זה כיסודו של הנתה"מ הנ"ל דחזקת מר"ק לא מועיל במטלטלים להוציא דמיהם מידי המוחזק.

**אלא** שאין זה מוכרח שיתכן דכוונת הקצה"ח הוא דלא נאמרה דין דברים העשויים להשאיל ולהשכיר אלא על חפצים העשויים להחזירם בעין לידי המר"ק, משא"כ מעות שמעצם טבעם עשויים להוציאם ולהחזיר אחרים תחתיהם אין עליהם דין דברים העשויים להשאיל ולהשכיר. אבל היכי שתפס שמעון מעות מבית ראובן באופן דאזלינן בתר חזקת מר"ק כגון בן בית הנו"נ והוציאם שמעון יתכן דס"ל להקצה"ח דמהני חזקת מר"ק של ראובן לחייב את שמעון להחזיר מעות אחרים תחתיהם.

**אבל** לפי הנתה"מ הנ"ל לכאורה אין לחייב את שמעון להחזיר הדמים, דבשלמא היכי שראינו מעשה גניבה בפנינו בודאי היינו מחייבים להחזיר גם את דמיהם שהרי אז אין אנו מחייבים מדין חזקת מר"ק, אלא מדין גנב שצריך להחזיר והנגזל נחשב כמוחזק בפנינו. אבל בנידו"ד שהעברת כספים לא נעשה בפנינו ויש לשמעון מיגו שעשהו ברשותו של ראובן, אלא שאנו באין לדון מדין בן בית הנו"נ שאין לו חזקה

על חפצי ראובן ואזלינן בתר מר״ק, א״כ מכיון שהנידון הוא רק בנוגע להוציא דמים מרשותו של שמעון אין לחייב אותו. וסברא זו היה נכון גם אילו היה שמעון מוציא מזומנים מכספת המונח בביתו של ראובן ואח״כ הוציא הכסף לאחרים, שמעתה תביעת ראובן על שמעון הוא ככל מוציא מחבירו ולא מהני בזה חזקת מר״ק.

### דין השבת אבידה בממון שהגיעו לידו ויודע שהממון נגנב מאחרים

**עוד** ילה״ע שמאחר שהממון לא הגיע לידי שמעון בעצמו אלא הגיעו לחשבונות אחרים על ידו, א״כ יתכן שאותם האחרים יהיו חייבים להחזיר הממון לבעליהם הראשונים מדין השבת אבידה. ויש לציין לדין המבואר בסימן שמ״ח סעיף ז׳ ומקורו בשו״ת הרא״ש דהיכי שקיבל ראובן חפץ משמעון וראה ראובן איך ששמעון גנב חפץ זה מלוי מותר לו להחזירו לשמעון כל היכי שיש לשמעון טענה שהוא שלו, ומבואר התם בסמ״ע שהוא רק מחמת שיש לראובן טענה שהוא חושש ששמעון יתרגז עליו אם יחזירנה ללוי ויפסיד, ואינו חייב להפסיד את שלו בכדי להחזיר אבידה לבעלים. אבל בנידון דידן שהממון הועברו ישירות מחשבונו

של ראובן לחשבונות אחרים ואין צד הפסד לאותם האחרים אם יחזירו הממון למקומם הראשון, בודאי יהא מוטל עליהם להחזיר הממון לידי ראובן מדין השבת אבידה ויהא אסור להם להחזיק בממון לטובת שמעון.

**אבל** לקושטא דמילתא לא שייכא זה אצלינו, שהרי הרא״ש הנ״ל איירי באופן שמחזיק הממון ראה "מעשה חטיפה שלא ברשות" בפניו, ועל כן חלה עליו חובה להחזיר הכסף להבעלים שהרי "נגזל" לפניו. משא״כ בנידו״ד שהאחרים אינם יודעים איך הגיעו הכסף לרשותם, ומבחינתם הרי יתכן שהכסף הועברו לחשבונם בהוראתו של ראובן שוב אין עליהם חובת השבה שהרי אין נגזל לפניהם.

### דין מוחזק בממון שהגיעו לאחרים על ידו

**אלא** שהרבה יש לדון שאכתי אין לשמעון דין מוחזקות בכה״ג, דגם אם נניח שאכן אין אותם האחרים מחוייבים להחזיר הכספים מצד עצמם מדין השבת אבידה כנ״ל, מ״מ איך יחשב שמעון מוחזק בממון שמעולם לא הגיעו לידו. הגע בעצמך, באופן שגוי אחד הוציא ממון מרשותו של ראובן לרשותו של לוי, ובא שמעון ואמר ללוי שהכסף

שהגוי הביא אליך הרי הוא שלי, האם יחשב שמעון מוחזק נגד ראובן.

**ואולם** נידו"ד שונה קצת מציור הנ"ל שהרי כאשר ביצע שמעון ההעברה היה יכול גם להעביר לחשבונות שלו [וכל הסיבה שלא עשה כן הוא רק בכדי לחסוך במסים או שלא להפסיד הנחות והטבות שונות], הרי שיכולים להתייחס אליו כמי שהיה שולט על הכסף וכאילו העבירו בעצמו אח"כ מידו לידי האחרים. אך צל"ע האם יש מקור לסברא זו להלכה.

### העברה בנקאית שלא ברשות האם הוא גניבה או מזיק

**ועוד** יש לעיין בסברא נוספת לטובת שמעון שכאשר שמעון ביצע העברה בנקאית מחשבונו של ראובן לחשבונות האחרים, הרי גם אם עשהו שלא בצדק אין תביעת ראובן עליו אלא מדין מזיק חובו וכדין שורף שטרותיו של חבירו, שהרי חשבון באנק אינו אלא חוב שהבאנק חייב לו, וכאשר העביר ממון מחשבונו של ראובן לחשבון אחרים הצליח לשכנע את הבאנק - בעל חובו של ראובן - שיטעה ויחשוב שהוא חייב לאחרים במקומו. וא"כ מעתה מכיון ששמעון טוען שעשה כן בצדק הרי הוא מוחזק ואין להוציא ממנו בלי ראיה.

### בדין תופס לבע"ח במקום שאינו חב לאחריני

**עוד** יש לדון האם יכולים האחרים להחזיק בממון לטובת שמעון עפ"י בקשתו מדין תופס לבע"ח - גם אם שמעון לא יחשב מוחזק בממון כנ"ל - דהנה מבואר בשו"ע סימן ק"ה סעיף ד' דהיכי שאינו חב לאחריני יכול לתפוס ממון לבע"ח. וממילא בנידו"ד לכאורה יכולים האחרים להחזיק בממון עפ"י דיבורו של שמעון בכדי לתפוס לבע"ח והיו יכולים אפילו לתפוס מרשותו של ראובן לצורך שמעון. אלא שזה אינו שהרי מבואר שם בשו"ע שזהו רק היכי שיש לבע"ח שטר מקויים בידו ומוכן להישבע מיד, אבל בנידו"ד שבלי מיגו אין שמעון נאמן להחזיק הממון בידו, א"א להאחרים להחזיק הממון בידם מדין תופס לבע"ח.

### בדין מיגו כשטענת המיגו נגד קול

**עוד** יש לעיין בנידו"ד ממה שמבואר בנתהמש"פ כללי מיגו אות י"ב דלא אמרינן מיגו היכי שיש קול נגד טענת המיגו. ומקור הדברים הוא מסוגיא דרבה בר שרשום ב"ב דף ל"ג. וכפי שיטת התוס' שם דאביי אמר לי' לרבה בר שרשום דמכיון שכבר יצא קול שהשדה שהוא אוכל אינו שלו אלא של יתומים שוב אין לו מיגו שהיה יכול לטעון לקוחה בידי, שהרי לא היה מעיז לטעון נגד הקול, וכן

נפסק בשו"ע סימן ק"נ סעיף ה'. והרי בנידו"ד כאשר באו בעלי הדין להתדיין בבי"ד כבר יצא הקול בעיר ששמעון חטף מראובן סכום גדול, וא"כ שוב אין לו מיגו שהיה יכול לטעון שעשה העברת הכספים ברשותו של ראובן שטענה כזו היה העזה לטעון נגד הידוע לכל ע"י קול.

**אך** לכאורה גם זה אינו, שהרי קול האמור בש"ס בכל דכתי היינו קול שיש עדים בדבר, וכן מבואר בפרשב"ם בגמ' שם דף ל"ב: וז"ל: נפק עליה קול של עדות אמת כו' עיי"ש. ובנידו"ד הקול שיצא בעיר לא היה אלא "שראובן" צעק על שמעון ואיים עליו מחמת "טענתו" שתפס שלא ברשות, אבל לא יצא שום קול שאכן יודעים בו עדים שזה היה מציאות הדברים, ושפיר היה שמעון יכול לטעון בבי"ד שכל הצעקות והאיומים של ראובן לא היה אלא אחרי שחזר בו ממה שהעביר אליו כספים אלו בהסכמה מלאה.

✦

## הרב יחיאל יהושע רבינאוויטש

### בסוגיא דקמא קמא בטיל ובדין יין נסך במשהו (ע"ז ע"ג.)

**מתני'** (ע"ז ע"ג א') יין נסך אוסר בכל שהוא, יין ביין בכל שהוא, יין במים בנותן טעם, זה הכלל מין במינו במשהו, ושלא במינו בנותן טעם. ובגמ', כי אתא רב דימי א"ר יוחנן המערה יין נסך במחבית לבור אפילו כל היום כולו, ראשון ראשון בטל, ע"כ. ולפום ריהטא ר' יוחנן בא להתיר אפילו בדאיכא השתא רוב יין נסך, אפ"ה בטיל, דכל מקצת ומקצת מיד שנופל מתבטל, ונשאר הוא בביטולו, אע"ג דהאידנא איכא יין נסך כשיעור שאם היה נופל בבת אחת לא היה מתבטל, לזה אהני לן הא דקמא קמא בטיל, דנשאר הוא בביטולו והיתירו.

**ומבואר** עוד, דס"ל דבעיקר דין יין נסך אין בו איסור משהו, דאי לאו הכי לא שייך ביה דין ביטול מעיקרא, ודינו בנותן טעם כשאר איסורים, והא דקתני' במתני' דאיסורו במשהו, אוקמינן ליה בהיתירא לגו איסורא דווקא, ובכה"ג נאסר אפילו בפחות מנותן טעם, אבל לעולם עיקר דין איסורו הוי בנותן טעם. וכ"כ רמב"ן וריטב"א, דר' יוחנן חדית לן תרתי, חדא, דאין יין נסך אוסר במשהו אפילו מין במינו, ועוד, דאע"פ דלבסוף יש בו שיעור מרובה, קמא קמא בטיל.

**ובגמ'** פריך עליה מהא דתנן במתני' דיין נסך אוסר במינו במשהו, ושלא במינו בנותן טעם, ולדעת רב דימי הוה לן למימר קמא קמא בטיל, ומותר אף כשיש בו בנותן טעם, דהא קמא קמא בטיל. ומשני, דמתניתין איירי בהיתירא לגו איסורא, אבל באיסורא לגו היתירא אה"נ דיש להתיר אפילו כשיש בו בנותן טעם, דקמא קמא בטיל. ונחלקו הראשונים בהא דנאסר היתירא לגו איסורא במינו במשהו, ואף דאין להתיר ביותר מכדי נתינת טעם מטעמא דקמא קמא, דהא איירי בהיתר לגו איסור, ומעיקרא לא היה בו שיעור ביטול, מ"מ בדנפל בו היתר מרובה דשוב אין בו טעם אלא משהו, הוה לן להתיר, דהא עיקר דינו בנותן טעם לשיטת ר' יוחנן.

**רש"י** ז"ל (ד"ה לגו היתירא) ועוד ראשונים פירשו, דבהיתר לגו איסור מעט מעט אמרינן קמא קמא לאסור, דאף דאין בו עתה כדי נתינת

טעם, מ"מ כבר נתבטל היתר להיות איסור, וקמא קמא בטיל לאיסור. והר"ן ז"ל מפרש באופן אחר, דמאחר שהאיסור במקומו עומד, חשוב הוא יותר מן ההיתר הבא עליו, ואינו מתבטל. ואיכא נפקותא טובא בין פירש"י לפי' הר"ן ז"ל, היכי דשפך היתר מרובה בבת אחת, דלפירש"י אין לאסור, דלא שייך בזה דינא דקמא קמא, משא"כ לשיטת הר"ן ז"ל אף בכה"ג נאסר במשהו, ופשוט. ולכולהו פירושי על כרחין לומר דהך דינא אינו אלא משום חומרא דיין נסך, ולא בשאר איסורים, דהא מתניתין אתי לאשמעינן חומרא דאיכא ביין נסך טפי משאר איסורים, דאילו שאר איסורים אף כה"ג הוו בנותן טעם, ויין נסך חמיר טפי ונאסר אפילו במשהו, עכ"פ בהיתירא לגו איסורא, וק"ל.

**והנה,** בתוס' (ד"ה כי אתא) כתבו דכל עיקר דינא דרבי דימי דקמא קמא בטיל אינו אלא בדליכא טעם, אבל בדאיכא שיעור נתינת טעם, אף לרב דימי אסור, ולא אהני לן בזה דין קמא קמא, דהאיסור חוזר וניעור, ואוסר בנתינת טעם. [ועיקר קושיית הגמ' הוי מהא דקתני ברישא דמתני' דמינו אוסר במשהו, והא דפריך ליה אף מסיפא דשלא במינו בנותן טעם, אינו אלא לאוכוחי מינה, דמתני'

---

איירי אף באיסורא לגו היתירא, עיי"ש בד'].

**ולכאורה** קשה, דאם כן למה צריכים לאתויי עלה משום טעמא דקמא קמא בטיל, הא גם אם נצטרף כל הנפילה יחד, אכתי תשתרי דגם עתה אין בה טעם, ואינו אלא משהו. ומשמע קצת מדברי התוס', דאף למאי דס"ל לרב דימי דאין יין נסך אוסר במשהו, מ"מ בדאיכא שיעור חשוב טפי, שפיר אוסר, ואף דאכתי אין בו בנותן טעם, ולהכי איצטריך לאתויי עלה משום דינא דקמא קמא בטיל. ולכאורה צריך ביאור, דמאי שנא משהו קטן ממשהו גדול, ותרוייהו דין משהו עלה.

**ועוד** קשה, דבהמשך דברי הגמ' מבואר דרב יצחק ס"ל נמי להא דקמא קמא בטיל, ודווקא בצרצור קטן דלא נפיש עמודיה, אבל לא במערה מחבית דנפיש עמודיה, ובתוס' (ד"ה ודווקא) כתבו דאף רב דימי מחלק כי האי גוונא בין חבית לגיגית. ודעת רוב ראשונים ז"ל, דהא דנפיש עמודיה הוה ליה חסרון בהיתירא דקמא קמא, וכל שסופו להתערב הוי כמעורב מיד, דמאחר דנפיש עמודיה חשיב כאילו נפל בבת אחת, וממילא דלא שייכא בזה היתירא דקמא קמא. ולכאורה קשה

טובא, דלשיטת התוס׳ על כרחין לומר דאיירי בדאין בו בנו"ט, דאל"כ אין להתיר אף בדלא נפיש עמודיה, דהא חוזר האיסור וניעור, ולא אמרינן כי האי גוונא קמא קמא בטיל, אפילו בצרצור קטן. ומאחר דאיירי בדאין בו נותן טעם, אמאי נאסר בדנפיש עמודיה, סוכ"ס אין כאן נותן טעם, ועיקר איסורא תליא בטעמא לשיטת רב דימי ור׳ יוחנן.

**ולמאי** דס"ל לשאר הראשונים, דהיתירא דקמא קמא בטיל אהני לן אף בדיש בו עתה בנותן טעם, יש לומר דלא נאסר בנפיש עמודיה אלא אם כן יש עתה כשיעור נתינת טעם, ובדאין בו בנו"ט אה"נ דאפילו נפל מגיגית או בבת אחת, וודאי מתבטל למאי דס"ל לרב דימי ור׳ יוחנן דעיקר שיעורא הוי בכדי נתינת טעם. ויעויין תוס׳ בכורות (כ"ב ב׳ ד"ה יתיב) שהקשו בהא דאיצטריך לאתויי עלה משום טעמא דקמא קמא, הא גם עתה אין בו נו"ט, ותירצו דהיכי דאין בו משום קמא קמא, וכגון בגיגית אי נמי דנפל בבת אחת, אה"נ דאסור, ע"כ. אלא דזה גופא צריך עיון, וכמו שהקשינו, ובתוס׳ בסוגיין הקשו בסגנון אחר קצת, ועיין היטב בכל זה בגליון הש"ס להגרעק"א ז"ל בסוגיין, וצ"ע.

**ועיין** בר"ן ז"ל שהביא לפרש בשם הראב"ד ז"ל פירוש אחר בהא דנפיש עמודיה, דאין זה חסרון דווקא בדינא דקמא קמא, אלא בעיקר דין ביטול דידיה בתחילה, וז"ל, דכל שהקילוח גדול, אעפ"י שאין בו נתינת טעם, כל שהוא בעצמו חשוב, אינו ראוי להתבטל ברבוי יין שבבור, ולא נתבררו אצלי הדברים הללו, ע"כ. ומבואר מזה, דהראב"ד ז"ל מפרש דחסרון דנפיש עמודיה הוי בעיקר דין ביטול דידיה, וחומרא הוא ביין נסך דכל שהקילוח חשוב, לא בטל, ודלא כדפירשו שאר הראשונים דהוה ליה חסרון בדין קמא קמא.

**ויבואר** בזה הא דנאסר לשיטת התוס׳ בדנפיש עמודיה אף בדאין בו בנותן טעם. ומ"מ, אכתי תיקשי לן הא דהוצרך להתירו משום קמא קמא, דלא שייכא סברת הראב"ד אלא בנופל בקילוח גדול, דהו"ל דבר חשוב, ואוסר אף בפחות מנותן טעם. אבל בנופל מעט מעט, ולא נפיש עמודיה, אין כאן דבר חשוב, ואם אין בו בנו"ט אמאי הוצרך להתירו משום טעמא דקמא קמא. ועוד, דעיקר סברת הראב"ד ז"ל צריך ביאור, וכדהקשה הר"ן ז"ל.

**ולפום** ריהטא, עיקר דין ביטול לא תליא בגודל הקילוח, אלא בשיעור האיסור שנמצא בו עתה,

ודינא דנפיש עמודיה אינו אלא לענין דלא שייך בו היתירא דקמא קמא בטיל, דמאחר שהקילוח גדול דיינינן ליה כאילו נפל בבת אחת, וכדפירשו שאר הראשונים ז״ל. וכן משמע קצת מלשון התוס׳ ז״ל גופיה (ד״ה דווקא) דנפיש עמודיה הוי חסרון בדין קמא קמא, ולא בעיקר דין ביטול מעיקרא. וכן משמע נמי מדברי התוס בכורות הנ״ל, דהא דקמא קמא בטיל, מישך שייכי בהא דנפיש עמודיה, אי לאו. והדרא קושיין לדוכתה, דכל דאין בו בנו״ט, אע״ג דנפיש עמודיה, הוה לו למימר דבטיל, דהא אין כאן חסרון בעיקר דין ביטול, אלא דמצטרף וחשוב כנופל בבת אחת, ואמאי איכפת לן בזה, הא גם עתה אין בו בנו״ט, ושיטת התוס׳ צ״ע.

**והנראה** בזה, בהקדים הא דלכאורה יש להעיר לשיטת רש״י ז״ל ודעימיה, דטעם האיסור בדנפיל היתירא לגו איסורא, אינו אלא משום דכה״ג אמרינן דקמא קמא בטיל לאיסור, ואילו נפל היתר מרובה בבת אחת, אה״נ דאף בזה איסורו בנו״ט ולא במשהו. א״כ, אמאי חשוב ליה בהדי איסור משהו, הא עיקר דינו בנו״ט, ואף דאשכחן גוונא שאוסר אף בדאין בו נתינת טעם, ואינו אלא משהו, הא אין זה משום דין משהו, אלא דקמא קמא בטיל לאיסור, ובדלית ביה הך טעמא, הדר דינו דאינו אוסר בנו״ט אלא במשהו.

**ואף** לשיטת הר״ן ז״ל יש להעיר קצת עד״ז, דאע״ג דלדידיה נאסר היתר לגו איסור בכל גווני במשהו, ולא מצינו שיהא אוסר בנו״ט, מ״מ אכתי תיקשי אמאי חשיב ליה כדין איסור משהו, דהא חזינן דאילו נפל איסור לגו היתר אינו אוסר במשהו, ועיקר דינו בנו״ט הוי, וצריך ביאור קצת לישנא דאוסר במשהו, ואפשר יש לדחות דסוכ״ס אשכחן ביה גוונא שנאסר במשהו, ואילו בשאר איסורים, אפילו בהיתר לגו איסור אינו אוסר אלא אם כן יש בו עתה בנו״ט, וחומרא הוא ביין נסך שמצינו בו שיהא אוסר במשהו אף בדאין בו בנו״ט, ואע״ג דלקושטא דמילתא לא חמיר איסורו לאסור משום איסור משהו, אלא מטעם אחר וכדפירש״י והר״ן ז״ל, וצ״ע.

**ואשר** יראה לומר בזה, דהא דמחמרינן ביין נסך, דבנפיל היתירא לגו איסורא קמא קמא בטיל לאיסור [לפירש״י ז״ל], אף דלענין שאר איסורים לא שייך לומר כן, ומשום דעיקר דין ביטול נאמר להיתר ולא לאיסור, וכדביארו הראשונים ז״ל, נראה לפרש, דאי״ז סתם חומרא בעלמא, להחמיר בו דין ביטול אף לאיסור, אלא יסוד וגדר

הדברים, דאף דבעיקר דינו אינו אוסר אלא בכדי נתינת טעם, מ"מ כל היכי דיש בו שיעור טעם, שוב מחמרינן בו כדין משהו, וכמשי"ת בעזהי"ת.

**דהנה,** חלוק הוא ביסוד דינו היכי דנאסר מדין נותן טעם, להיכי דאסרינן ליה מדין משהו. דאילו היכי דנאסר מדין נו"ט, איסורו הוא משום דאין בו שיעור כדי לבטלו, ואילו יתוסף עליו היתר, שפיר בטיל. משא"כ היכי דאיסורו מדין משהו, גדר איסורו הוא דלא שייך בו ביטול, ולא אהני לן מידי בהוספת היתר עליו. וביין נסך מחמרינן לאוסרו בדיש בו טעם, כדין איסור משהו, וביאור הדברים, דכל היכי דחייל ביה איסורא דנו"ט, שוב חייל ביה איסור בכל משהו שבו, וכדין איסור משהו, ונפק"מ, שלא יועיל בו הוספת היתר. וכמו דלענין דבר שאיסורו במשהו אין מועיל בו הוספת היתר, כמו כן ביין נסך, כל היכי דחייל ביה איסור מדאית ביה נ"ט, גדר חלות איסורו הוי כדין משהו, וחייל איסור בכל משהו שבו, ושוב לא יועיל בו הוספת היתר.

**ומהאי** טעמא הוא דמחמרינן ביין נסך לאסור היתירא לגו איסורא, אף דאין בו עתה אלא משהו, מפני שמקודם היה בו כדי נתינת טעם, וחייל ביה חלות דין איסור משהו. והכי מפרש רב דימי לעיקר דינא דמתני' דחשוב ליה איסור משהו, ואף דאיהו סבר דעיקר דינו בנו"ט, מ"מ חשיב ליה בהדי איסור משהו, דגדר איסורו הוי כדין משהו, דכל היכי דאית ביה בנו"ט, חייל ביה איסורא בכל משהו, ואסור אף לאחר שהוסיף בו היתר. וזהו דאוקמיה רב דימי למתני' בהיתירא לגו איסורא, דאין זה אוקימתא בעלמא, אלא דבכה"ג שייך בו חומרא כדין איסור משהו, וכמש"נ. [אלא דמ"מ ס"ל לרש"י ז"ל דצריכים למצוא עילה כל שהוא כדי לאוסרו במשהו, ולזה אהני לן הא דיש לומר דאף היתר נתבטל לאיסור, אף דבעלמא לא אמרינן הכי, ומ"מ עיקר הטעם שגזרו להחמיר ביין נסך דאף היתר מתבטל לאיסור, משום דבעו להחמיר בו כדין איסור משהו, ודו"ק].

**ועד"ז** נראה דיש לבאר שיטת התוס' דס"ל דאף בדנפיל איסור לגו היתר נאסר אף בדאין בו בנו"ט, כל היכי דאין בו משום קמא קמא בטיל. וביאור הדברים, דכמו דאמרינן בנפל היתר לגו איסור, אף דעיקר השיעור הוי בכדי נתינת טעם, אפילו הכי, כל דחייל ביה איסורא דנו"ט, שוב חייל ביה איסורא כדין משהו, ולא יועיל בו הוספת היתר לבטלו. כמו כן הוא הדין באיסור לגו היתר, אף דאין בו

עתה אלא משהו, מ"מ כל היכי שיחול בו אח"כ איסור נו"ט, כבר חייל ביה מעתה איסור בכל משהו שבו.

**ולהכי** בעינן למידן באם נצטרף כל משהו ומשהו לכדי נתינת טעם, אי נאסר כי האי גוונא, אי לאו. וזהו דתלי לה בדין קמא קמא בטיל, דהיכי דשייכא ביה היתירא דקמא קמא בטיל, שוב לא מצטרפא כל משהו לאיסורא דנו"ט, ואדרבה קמא קמא בטיל, ולא שייך לאסור כל משהו שבה משום דהוי חלק מנתינת טעם דלאחר מכן. אבל בדנפיש עמודיה, דלא שייכא ביה הא דקמא קמא בטיל, שפיר מצטרף כל משהו שבו לכדי נתינת טעם, ויש לאוסרו אפילו במשהו, וכדאמרינן דחייל איסורא בכל משהו מהטעם, אף בדאין בו עתה כדי נו"ט, ודו"ק היטב.

[**וס"ל** לתוס' דבהך סברא גופא סגי לאסור, וא"צ למצוא עילה, ומשום הכי אינם מחלקים בין שהיה בו מכבר שיעור נו"ט, להיכי דחזי לאצטרופי לאחר מכן לשיעור נו"ט, דבתרוייהו יש לאסור מדין משהו מהטעם. משא"כ לפרש"י ז"ל, דלא סגי בהך סברא גרידא, ובעינן לצרף לזה טעם אחר, ואין לאסור אלא בשכבר היה בו מקודם שיעור נו"ט, דיש לומר דההיתר נתבטל לאיסור, וכמש"נ].

**אלא** דלכאורה יש להקשות ע"ז, דאף שמצינו בזה טעם לאסור במשהו, אע"ג דס"ל דעיקר דינו ושיעורו הוי בנותן טעם. עדיין תיקשי בהא דמחלקינן בזה בין היכי דנפיש עמודיה, לדלא נפיש, דהא לשיטת התוס' לא אהני לן היתירא דקמא קמא בטיל כשיש בו בנו"ט, אפילו בדלא נפיש עמודיה, דחוזר האיסור וניעור, ואם כן, אף בדלא נפיש עמודיה ייאסר במשהו, דהא אם יצורף כל משהו לכדי נו"ט שפיר נאסר, ואין חילוק בזה בין נפיש עמודיה לדלא נפיש, ותרוייהו נאסרין בכדי נתינת טעם, דהאיסור חוזר וניעור, וצ"ע.

**ואשר** יראה בזה, דהנה, יעויין בתוס' בכורות (שם) שכתבו להוכיח דבנתרבה האיסור חוזר וניעור, אלא שנסתפקו אי היינו דווקא בדאיכא רוב איסור [או אפילו מחצה על מחצה, עיי"ש כ"ג ב'], אבל עד רובא שפיר אמרינן דקמא קמא בטיל, ואף דאיכא באיסור כדי נתינת טעם. או דלמא מיד דאית ביה כדי נתינת טעם, חוזר האיסור וניעור, יעו"ש דבריהם. ולכאורה צריך ביאור, דהא ע"כ עיקר שיעורא בכדי לאסור לא בעיא רובא, וסגי בנתינת טעם, אם כן מאחר דס"ל דבנתרבה האיסור, חוזר וניעור הוא מביטולו,

מאי שנא דלענין זה בעיא דווקא רובא, ולא סגי בנתינת טעם וכעיקר דין איסורו.

**ואשר** נראה מבואר מזה, דהא דאמרינן חוזר וניעור, אין הכוונה דמיד דאיכא שיעורא בכדי לאסור, ניעור הוא מביטולו ואוסר, ולא אהני ביטול קמא אלא כל עוד שיש בו גם עתה שיעור כדי לבטלו. זה אינו, ולעולם אף בדאיכא השתא כדי שיעורא לאסור, אפשר דאכתי קיימא בביטולו מדינא דקמא קמא בטיל. והא דאמרינן חוזר וניעור, הו"ל כח איסור מסויים בפנ"ע, ולא משום דהשתא חסר בשיעור ביטולו, ואפשר דשיעורא דחוזר וניעור לא תליא כלל בעיקר שיעור איסורו. ומשו"ה ס"ל להתוס' ז"ל, דאע"ג דעיקר שיעור איסורו בכדי נ"ט, מ"מ דינא דחוזר וניעור א"א בדאיכא רובא. דכל כמה דאין כאן רוב איסור וגם עכשיו שייך ביה עיקר דין ביטול ברוב, שפיר אמרינן דקמא קמא בטיל.

**וביאור** הדברים, דכשאין כאן הפקעה בעיקר דין ביטול לא הוי אלא חסרון בשיעור, דשיעור כי האי חשיב טפי, ואכתי אית ביה ביסודו לעיקר דין ביטול, לזה אהני לן דאין צריך שיבטל כל הך שיעורא בחדא מחתא, שאינו מבטל שיעור גדול בבת אחת, אלא כל מקצת ומקצת שנופל מיד מתבטל, וקיימא הוא בביטולו אף דיש בו עתה שיעור חשוב, אבל בדפקע ביה עיקר דין ביטול, דאיכא רוב איסור, שוב לא אהני לן הא דכבר נתבטל מעיקרא, וחוזר האיסור וניעור.

**ונראה** עוד, דאף למאי דס"ל לתוס' בסוגיין, וכ"ה מסקנת התוס' התם, דחוזר האיסור וניעור כשיש בו בנו"ט, מודים הם ביסוד הדברים, דעיקר דינא דחוזר וניעור אינו סותר להא דקמא קמא בטיל, אף דיש בו עתה שיעור כדי לאסור. ומצד עיקר דין ביטול אהני לן הא דנתבטל מעיקרא, אף דיש בו עתה שיעורא בכדי לאסור, והא דס"ל לתוס' ז"ל דחוזר וניעור הוי מיד בשיעור נתינת טעם, ואע"ג דיש כאן עדיין רוב היתר, ובכלל עיקר דין ביטול הוי, אם כן, אמאי לא נימא דקאי בביטולו.

**יש** לומר, בהקדים הא דיש לחקור בעיקר שיעורא דנתינת טעם, אי משום חסרון ביטול הוא דקאתינן עלה, דשיעורא כי האי לא בטיל, או דלמא דהו"ל חלו"ד ואיסור מסויים בגוף הטעם, [ויעויין בזה בחידושי רבנו חיים הלוי בכמה דוכתי שהאריך בזה]. ויש לומר, דס"ל להתוס' דאע"ג דמצד עיקר שיעורא דביטול, וודאי אהני לן הא דקמא קמא בטיל,

מ״מ כ״ז לענין דין ביטול מצד שיעורא דנותן טעם, די״ל דכל מקצת ומקצת מהך שיעורא, נתבטל מקודם כשהיה לו שיעור ביטול, ועדיין קאי בביטולו, וכמש״נ. משא״כ לענין הא דאיכא חלות איסור מסויים בגוף הטעם, לא אהני לן מה שהיה בו דין ביטול קודם שהיה בו טעם, דהא לאו משום חסרון ביטול הוא דקאתינן עלה, אלא דהו״ל איסור מסויים בפנ״ע, ודו״ק.

**ובזה** יבואר מש״כ התוס׳ להוכיח כשיטתם דע״כ חוזר האיסור וניעור, דאי לא תימא הכי, וכי אם היה אדם מערה חלב בקדירה של היתר מעט מעט בסירוגין עד שנתרבה החלב לבסוף כ״כ שהיה בו בנו״ט לקדירה, וכי תעלה על דעתך שהוא מותר משום דקמא קמא בטיל, אלא וודאי לא אמרינן קמא קמא בטיל כיון שיש כל כך מן האיסור לבסוף שהוא נו״ט, עכ״ל. ודבריהם צ״ב, דהא ע״ז גופא דיינינן, ומאי הוכיחו בקושייתם דע״כ אינו כן. ולהנתבאר, עיקר כוונת קושייתם דעיקר דינא דקמא קמא בטיל לא הוי אלא לענין שיעור ביטול, דאף דעתה אין בו כדי לבטל, לזה אהני לן הא שכבר נתבטל מקודם. וכל זה לענין חסרון בשיעור ביטול, משא״כ בדאית ביה נתינת טעם ס״ל להתוס׳ דאין זה חסרון בשיעור ביטול גרידא, אלא חלות איסור מסויים של טעם, ולא אהני לן כלל דין ביטול שהיה בו מקודם.

[**ופשיטא** להו להתוס׳ ז״ל דאפילו תימא דע״י ביטול נהפך האיסור להיתר, וכדכתב הרא״ש פרק גיה״נ (סי׳ ל״ז), היינו דווקא בעודו בתערובתו ובישולו, וכמש״כ שם הרא״ש גופי׳, דאילו הוכר האיסור פשיטא דאסור, אף דמקודם חייל ביה דין היתר גמור, ועיי״ש שפי׳ דזהו יסוד איסורא דטעם, והוי כאילו הוכר האיסור. ולהכי פשיטא ליה להתוס׳ ז״ל דכל עיקר דינא דקמא קמא בטיל, היינו דווקא להמשיך דין ביטול היכי דעדיין שם תערובת עלה, ואף דאית״ב חסרון שיעור, אבל לא היכי דעכשיו מופקע הוא מדין ביטול לגמרי, ודו״ק].

**אשר** לפי״ז, בהנהו איסורים שנאסרו אף בפחות מכדי נתינת טעם, וכגון תרומה וערלה, דדינם בק׳ ור׳, פשיטא דאף לדעת התוס׳ ז״ל ודעימיה, דסברי דבנתרבה האיסור חוזר הוא וניעור, מ״מ היכי שהיה בו מתחילה ק׳ ור׳ היתר נגד האיסור, ונתבטל, ואח״כ הוסיף מן האיסור, ושוב לית ביה שיעור ביטול, ומ״מ אין בו עדיין כדי נתינת טעם, שפיר אהני הא דקמא קמא בטיל, ובביטולו קאי כל עוד שאין בו באיסור כדי

נתינת טעם, דאף דעיקר שיעור איסורים בק׳ ור׳, מ״מ דינא דחוזר וניעור תליא בטעם דווקא, וכמש״נ. וכ״כ הר״ן ז״ל בסוגיין בסו״ד, וכ״כ בחי׳ הרמב״ן ז״ל ריש ב״ב.

**וכן** מתבאר נמי מדברי הש״ך ז״ל (יור״ד סי׳ צ״ט ס״ק כ״א) שכתב לחלק בזה בין תערובת לח לתערובת יבש ביבש, דדווקא בלח שייך הך טעם דכיון שנרגש הטעם, חוזר האיסור וניעור, ולא אמרינן בזה קמא קמא בטיל. משא״כ ביבש דלא שייך בו הרגשת טעם, שפיר אמרינן קמא קמא בטיל אף בגוונא דלאחר מכן הוסיף מן האיסור, ושוב אין בו שיעור כדי לבטלו, יעו״ש מה שנו״נ בזה. ומבואר מזה כמש״כ, דאף למאן דאית ליה חוזר וניעור, מודה הוא ביסוד הדין דקמא קמא בטיל, אף דיש בו כדי שיעור לאסור, כל היכי דליכא לאתויי עלה מדין טעם, וק״ל.

**ואשר** מבואר מזה, דהא דס״ל לתוס׳ דבאית ביה כדי נתינת טעם, שוב חוזר האיסור וניעור, ולא אמרינן בזה קמא קמא בטיל, היינו דווקא לענין איסור המסויים דאיכא בגוף הטעם, דמעיקרא לא חיילא ביטול בגוף הטעם, דהא לא היה בו טעם, ואין איסורו משום הצטרפות כל משהו לכדי נתינת טעם, משא״כ לענין שיעורא דנו״ט, דשיעורא כי האי לא בטיל מחמת ריבויו, בזה ודאי אהני לן הא דכל משהו שבו נתבטל מקודם שהיה בו כדי נתינת טעם, ושוב אינו מצטרף לאסור משום לתא דשיעורא שבו, והבן.

**והנה,** יעויין לעיל שביארנו בדעת התוס׳ ביסוד איסור משהו, דס״ל שאם יצטרפו כמה משהוין לכדי נתינת טעם לאסור, שוב אית ביה איסור משהו אף מקודם דאית בי׳ טעם, דכל היכי דאית בי׳ משום איסור נו״ט, שוב יש לאסור כל משהו שבו. ונראה פשוט, דכל זה לא שייכא אלא הכי דאיסור נו״ט דידיה הוה לי׳ משום חסרון ביטול בשיעור רב כזה, ואיסורו משום הצטרפות כמה משהוין לשיעור כזה שאינו מתבטל מחמת ריבויו, דבזה יש לומר דחייל איסור אף בכל משהו דידיה, מאחר שהצטרפותו היא היא סיבת איסורו. משא״כ בהא דחייל איסור מסויים בגוף הטעם, לא שייך לאסור מחמתו כל משהו שבו, דהא אין עיקר איסורו משום הצטרפות כל משהו שבו. ובדלית ביה אלא משהו, ליכא למימר דהך משהו הוי חלק מהאיסור טעם שיחול בו בסוף, ואפילו חצי שיעור לא הוי, ואין לאוסרו אלא היכי דיש בה כדי נתינת טעם בפועל, אף למאי דס״ל לר׳ יוחנן ורב דימי דכל היכי דאיכא

למיתי עלה משום טעם, שוב נאסר אף כל משהו שבו, ודו״ק.

**ועפי״ז** יבואר שיטת התוס׳ כמין חומר, דר׳ יוחנן חדית לן דעיקר שיעור איסור יין נסך הו״ל בנותן טעם, אלא דכל היכי דאית בה משום לתא דנתינת טעם, שוב נאסר אף כל משהו שבו, אע״ג דאין בו כדי נתינת טעם, והיינו טעמא דמתני׳ דקחשיב ליה בהדי איסור משהו. ואכתי איכא נפקותא בזה שעיקר דינו בכדי נתינת טעם, דאי לא מיתסר לבסוף משום נר״ט, וכגון בגוונא דשייך ביה הא דקמא קמא בטיל, שוב אין בו משום איסור משהו, ובעינן למידן אי בנפילה כי האי גוונא עד כדי נתינת טעם, אי מיתסר משום נר״ט או לא.

**ועל** זה קאמר דתליא באם נפיש עמודיה אי לאו, ואע״ג דאף בדלא נפיש עמודיה, גם כן נאסר בנתינת טעם, מ״מ לא בעינן למידן אלא באם יצטרפו כמה משהויין יחד, אי יחול ביה איסורא דנר״ט מצד חסרון ביטול בעצם השיעור שבו, דדווקא בכה״ג הוא דאפשר למיחל בו איסור משהו אף קודם שיהא בה נתינת טעם, וכדין משהו מהנר״ט, אבל משום הא דיחול בו לאחר מכן חלו״ד מסויים של טעם, לא איכפת לן מזה עתה, דהא אין בו אלא משהו, ולא שייכא הך משהו לדין טעם שיחול בו לאחר מכן, וכמש״נ.

**וזהו** דתלי לה באם נפיש עמודיה או לא, דאי לא נפיש עמודיה, קמא קמא בטיל ולא מצטרף כל משהו שבו לכדי שיעורא דנתינת טעם. ואע״ג דחוזר האיסור וניעור, אי״ז אלא איסור מסויים בגוף הטעם ולא משום הצטרפות כמה משהויין, וכל עוד שאין בה טעם לא שייך לאוסרו מדין איסור משהו. משא״כ בדנפיש עמודיה, דבנפל כי האי גוונא, לא אמרינן קמא קמא בטיל, ומצטרף כל משהו שבו לכדי שיעורא דנתינת טעם, שוב יש לאוסרו אף בדאין בו אלא משהו, דהא הך משהו שפיר יוכל להצטרף לכדי נתינת טעם לאסור, וממילא דנאסר אף בדין משהו, וכדין משהו מהטעם, וכמש״נ, ודו״ק.

**והנה** בהמשך דברי הגמ׳, כי אתא רבין א״ר יוחנן יין נסך שנפל לבור, ונפל שם קיתון של מים, רואין את היין היתר דהו״ל מינו כאילו אינם, ומשערינן במים גרידא אי אית בהו כדי לבטל טעם היין נסך. ומבואר מדבריו דס״ל דאין יין היתר שהוא מינו מצטרף לס׳ לבטלו, דמין במינו במשהו ולא בנר״ט, ואיירי אפילו בדנפיל איסורא לגו היתירא, וכמבואר בהמשך דברי הגמ׳ דלחד

לישנא איירי דווקא בדנפל יין נסך לבסוף. ויעויין בפרש"י ז"ל (לעיל ד"ה אמר לך רב דימי) דרבין פליג אהא דרב דימי וס"ל כפשטא דמתני' דיין נסך מין במינו במשהו, ואפילו בדנפיל איסורא לגו היתירא, ופסק שם רש"י דיין נסך במינו במשהו, וכרבין, וכ"כ שם בתוס' ד"ה רואין).

**האמנם,** דברמב"ם ז"ל (פט"ז מהל' מאכ"א הכ"ח) פסק להא דרב דימי, דקמא קמא בטיל, [ומשמע דאפילו בדאית ביה השתא כדי נתינת טעם, וכן מוכח עוד מדבריו שם (ה"ל) דשייך היתירא דקמא קמא אפילו בשאינו מינו, ועל כרחין דבנו"ט איירי, דהא איסור משהו אינו אלא במינו, אע"כ דהיתירא דקמא קמא בטיל אהני לן אף בדאית ביה נו"ט, וכפשטות לשונו של רב דימי, ודלא כשיטת התוס' ז"ל]. ויעויין שם (הל' ל"א) שפסק להך דינא דרבין דבנפל יין נסך לתוך יין ומים בעינן לאתויי עלה מדרואין היין כאילו אינם, וע"כ דאפילו בנפל איסורא לגו היתירא ג"כ אמרינן דאיסורו במשהו, וצ"ע. וכתב הר"ן ז"ל לתרץ דס"ל להר"מ ז"ל דאיכא לאוקמיה להא דרבין בחבית דנפיש עמודיה, עכ"ל.

**והקשה** הגרעק"א זצ"ל (שו"ת ח"ג סי' ע"ח ונדפס בחיי) דכל עיקר דינא דנפיש עמודיה הוי דאין אומרים בזה קמא קמא בטיל, והיינו בגוונא דהשתא לית ביה ס' לבטוליה, ואית ביה כדי נתינת טעם, ומקודם היה בו כדי שיעור ביטול, דבזה בעינן לאתויי עלה משום דקמא קמא בטיל, ומחלקינן בין היכי דנפיש עמודיה לדלא נפיש. אבל היכי דגם השתא אית ביה כדי לבטלו, אפילו תימא דאין בו משום קמא קמא, אפ"ה עדיין בביטולו קאי, דהא אין בו עתה בכדי נו"ט. ואם כן, אמאי אין מצטרפין היין והמים כדי לבטלו בס', ודברי הר"ן ז"ל צ"ע, ואין בהם כדי יישוב דעת הרמב"ם ז"ל.

**ודוחק** לומר דכוונת הר"ן ז"ל דהרמב"ם יסבור כפירוש הראב"ד ז"ל שהביא מקודם (הו"ד לעיל בריש דברינו) ולדבריו כל היכי דנפיש עמודיה, אינו בטל בס', ואפילו בקילוח ראשון, דהו"ל דבר חשוב ואינו מתבטל בס'. [ועיין בד' הגרעק"א שנקט דפי' הראב"ד הוא כעין שיטת התוס', דדווקא דבר מועט בטל בס', ולא דבר חשוב, עיי"ש]. זה אינו, דהא הר"ן ז"ל כתב דלא נתחוורו דבריו, ועוד, דע"כ אין הרמב"ם ז"ל מפרש כפירוש הראב"ד ז"ל, דהא הר"מ ז"ל פסק (ה"ל) דאפילו יין במים דהוי מין שבאינו מינו, ושיעורו בס' כדין שאר

איסורים, ג״כ שייכא בהו היתירא דקמא קמא בטיל, ואע״ג דאית ביה כדי נו״ט, ודווקא בדנפיל מצרצור קטן דלא נפיש עמודיה, ע״כ.

**והנה,** לפי׳ הראב״ד ז״ל, הא דנפיש עמודיה לא הוי חסרון בעיקר היתירא דקמא קמא בטיל, אלא דמעיקרא לא נתבטל, דכיון דהוי קילוח חשוב אינו בטל בס׳, ודווקא במינו, אבל בשאינו מינו גם שיעור חשוב מתבטל בס׳, וממילא דשוב אמרינן קמא קמא בטיל, ואף בדיש בו השתא כדי נתינת טעם, ואין לחלק בזה בין קילוח חשוב, לאינו חשוב. ועל כרחין דהר״מ ז״ל מפרש דהא דנפיש עמודיה הו״ל חסרון בדינא דקמא קמא בטיל.

**ושוב** הדרא קושיין לדוכתיה, דכל היכי דאין בו כדי נתינת טעם, אע״ג דנפיש עמודיה לא בעינן לאתויי עלה משום דקמא קמא בטיל, דגם עתה יש בו שיעור ביטול, ואיך פסק הר״מ ז״ל להא דרבין דבעינן למימר רואין את היין כאילו אינו, ואינו מצטרף לס׳, מאחר שפסק כרב דימי דעיקר שיעור איסורא דיין נסך אפילו במינו הוי בנו״ט, וצ״ע, עכת״ד הגרעק״א בתוספת ביאר קצת.

**ולדברינו** אתי שפיר, דאיה״נ דהא דנפיש עמודיה יסוד דינו הוא חסרון בהיתירא דקמא קמא, ולא בעיקר דין ביטולו מעיקרא, וכדמוכח מזה שהביאו הר״מ ז״ל אף בשאינו מינו, ועל כרחין משום דלא שייך ביה היתירא דקמא קמא, ובגוונא דאין בה עתה כדי נתינת טעם, לכאורה אין אנו צריכים לאתויי עלה משום קמא קמא. מ״מ, כל היכי שאילו יצורף לכדי נו״ט לא יהא בה משום היתירא דקמא קמא, שוב יש לאוסרו אף בדאין בה אלא משהו, ודין משהו מיתלי תלי בהיתירא דקמא קמא לכשיצטרף לכדי נו״ט, וכמש״נ לעיל, והכי מפרש רב דימי להא דמתני׳ קחשיב ליה בהדי איסור משהו. ושפיר מצינן לפרש להא דרבין בדנפיש עמודיה, ולא שייך ביה היתירא דקמא קמא, וממילא דאיסורו במשהו. ולהכי בעינן לאתויי עלה משום דרואים את היין כאילו אינו, ודו״ק.

**ואף** דלשיטת התוס׳, הדברים מוכרחים טפי, דלדידהו על כרחין כולה סוגיין איירי בפחות מכדי נתינת טעם, דהא בדיש בה עתה כדי נו״ט, ס״ל דחוזר וניעור, והוכרחו לומר דאיסורא דיין נסך מיתלי תלי באם יהא בה משום היתירא דקמא קמא, אף בפחות מכדי נ״ט. משא״כ לשיטת הר״מ ז״ל דלית ליה הא דחוזר וניעור, מצינן למימר

דכל עיקר דינא דקמא קמא בטיל לא
נצרכה אלא בדיש בה טעם. מ"מ, אף
לדעת הר"מ ז"ל שפיר יש לפרש
דמודה לסברת התוס׳ דכל היכי דיש
בה משום נו"ט, שוב יש לאסור כל
משהו שבה, והכי מפרשינן לעיקר
דין משהו במתני׳, אע"ג דעיקר דינו
אינו אלא בנו"ט, וכמש"נ. ולפי"ז,
היכי דלא נפיש עמודיה, יש להתירו

אפילו בדיש בה עתה בנו"ט, ובדלא
נפיש עמודיה, נאסר אף במשהו.
ומיושב היטב שיטת הר"מ ז"ל,
שפסק כרב דימי דאי לא נפיש
עמודיה, יש להתירו אף בדיש בה
בנו"ט, דקמא קמא בטיל, ובדנפיש
עמודיה פסק כרבין דאיסורו במשהו
במינו, ואין היין והמים מצטרפים
לבטלו, ודו"ק היטב.

## הרב מרדכי ווייס

# משנתו של המנחת יצחק בגדרי רה"ר דאורייתא והמסתעף

**מאחר** שעלה בידי בעזהשי"ת בתקופה האחרונה לעסוק קצת בעניני גדרי רשה"ר והמסתעף אכתוב בעזהשי"ת כמה נקודות בענין זה, ובעיקר מה שנוגע לבירור משנתו של זקנינו מרן בעל מנחת יצחק זצוק"ל.

#### אם צריכין ס' רבוא על כל רחוב לעצמו

**א'** בשו"ע (או"ח סי' שמה סעי' ז): איזהו רשות הרבים רחובות ושווקים הרחבים ט"ז אמה וכו', ויש אומרים שכל שאין ששים רבוא עוברים בו בכל יום אינו רשות הרבים. והיינו כי לדעה הראשונה אפי' אין שם ס' רבוא הרי"ז רה"ר, ולדעה השניה - שהיא שיטת רש"י - (עירובין ו. ד"ה רה"ר, ו: ד"ה ירושלים, נט. ד"ה במתניתין), צריכין ס' רבוא וכן הכריעו להלכה הטו"ז (סק"ו) והמג"א (סק"ז), וכתב במשנ"ב (ס"ק כג) שכל בעל נפש יחמיר לעצמו אבל אין בנו כח למחות ביד המקילין. והנה בסי' שס"ד (סעיף ב') כתב המחבר: רשות הרבים עצמה אינה נתרת אלא בדלתות והוא שננעלות בלילה, ויש אומרים אע"פ שאין ננעלות אבל צריך שיהיו ראויות לנעל וכו' עכ"ל. ומבואר שם שרה"ר אי אפשר לתקן רק בדלתות נעולות או ראויות לינעל, אבל לא בצוה"פ.

**ודנו** הפוסקים לדעת רש"י אם דנין על כל רחוב לעצמו, כלומר שדווקא אם עוברים ס' רבוא באותו רחוב הרי זה רה"ר, או דילמא אם יש 'בעיר' ס' רבוא נעשו כל רחובות שבתוך העיר [הרחבים ט"ז אמות ומפולשים] לרה"ר, אף שאין עוברים ס' רבוא בכל רחוב לעצמו.

**ומתאמרה** משמיה דזקנינו בעל מנחת יצחק שנקט שלונדון הוא רה"ר דאו', וא"כ אין באפשרות לתקן עירוב של צוה"פ על שום רחוב בלונדון [זולת רחוב המוקף בשלש מחיצות גמורות שדינו כרה"י] רק בדלתות, וכאילו נקט כצד הפוסקים שכל עיר שיש בו ס"ר נהפך להיות רה"ר, ושוב אי אפשר לתקן שום רחוב גם אלו שאין דורסין בהם ס"ר, ולענ"ד דבר זה אינו נכון וכמו שאבאר, ואמרתי לעצמי שראוי להעמיד הדברים על דיוקן ואמיתתם.

**והנה** המנחת יצחק הזכיר דבר זה כמה פעמים בתשובתו, [ח"ב

סי׳ נ׳ לענין תקיעת שופר ברה״ר שחל בשבת, ח״ב סי׳ צ״ח בענין איסור הוצאה בציצית ספק כשרים, ח״ב סי׳ קי״ב וח״ה סי׳ מ׳ בענין מכשיר שמיעה, ח״ב סי׳ קי״ד בענין אשה נכת רגלים בעגלה, ח״ג סי׳ כ״ו בענין מכסה הכובע, ח״ג סי׳ ל״ו בענין מדבקה מהמכבסה]. ובכל פעם שהזכיר דבר זה הביאו בשם הבית אפרים, וא״כ בואו ונחזה מה דעת הבית אפרים בענין זה.

**בבית** אפרים (סי׳ כ״ו) ברור מללו שצריכין ס׳ ריבוא דורסין על הרחוב גופא וז״ל אך לרש״י בעינן שיהא דרך סלולה לס׳ ריבוא המצויין שם בקירוב מקום ועוברים ושבים שמה בכל עת, עד שאפשר שביום אחד יעברו כולם בדרך ההוא עכ״ל. והובאו דבריו במנחת יצחק (ח״ח סי׳ לב) ומוכח מדבריו שם שהסכים לזה.

**וראה** מה שכתב עוד הבית אפרים שם (עמ׳ קצה) וז״ל: דאף הפוסקים דתלו טעמייהו שאין רשות הרבים משום שאין רחב י״ו אמה ולא הזכירו ס׳ ריבוא, לפי שהיה מצוי שם כמה עיירות גדולים במדינות אשכנז וצרפת ואינגלטירא שהיה בו ס׳ ריבוא, כגון עיר גדולה פאריז לונדן ווינא פפד״מ, ועוד רבים כהנה כרכים גדולים אשר המה רוכלי העמים ומרובה באוכלסין מאד, והיו גם ישראל הרבה דרים שם. ועיין בתשובות חכם צבי סי׳ ל״ז לענין אינגלטיריא שכתב איך יתכן כו׳ ויש בה כמה סרטיות ופלטיאות דדשו בה רבים ואולי ס׳ ריבוא כו׳, עכ״ל.

**ונראה** פשוט שאין כוונתו שמאחר שיש ס״ר בעיר נתהפך כל העיר לרה״ר, אלא כונתו שעיירות אלו מצויים שם מקומות ורחבות שיש בהם ס׳ ריבוא בוקעין, שאם נפרש כוונתו שכל העיר הוה רה״ר, הרי דבריו סותרים אהדדי, וצ״ע קצת על האחיעזר הנ״ל שהעתיק בשמו שכל העיר נתהפך להיות רה״ר.

**ובאמת** בלא״ה צריכין לפרש כן, שהרי העתיק דבריו בשם חכם צבי סי׳ ל״ז וז״ל [השואל] ועכשו קשה בעיני ביותר איך יתכן שארץ רחבת ידים [אינגלטיריא] ויש עליה כמה סרטיות ופלטיות בתוכה דדרסי בה רבים ואולי ששים רבוא בלא עיכוב כלל תיחשב לרשות היחיד בכח גוד אסיק לחודיה בלא מחיצות כלל עכ״ל. הרי מפורש בדבריו שמיירי באופן שהששים ריבוא דורסים על הסרטיא. גם לא הזכיר כלל בדבריו שום רמז שכל העיר נתהפך לרה״ר, עייש״ה. ומאחר שהעתיק הבית אפרים דבריו, בהכרח שגם הבית אפרים נתכוין לזה.

**עוד** זאת אציין מה ששמעתי עדות נאמנה מאחד מגדולי תלמידיו הרה״ג ר׳ אשר וועסטהיים זצ״ל [ויש לי הקלטה מדבריו], שקודם שנתמנה כ״ק זקנינו זצ״ל להיות מרא דארעא קדישא בעת שהיה עדיין ראב״ד במאנשעסטער, עלה על שלחנו הנידן אם לעשות עירוב בעיר מאנשעסטער, והעירוב היה כולל חלק מרחוב Bury New Road שבהמשך משתנה שמו לDeansgate ורחוב זה בוקע שטח גדול מהעיר ומגיע עד למרכז העיר, ושלח זקינינו זצ״ל שני אברכים לילך למרכז העיר ולספור כמה אנשים ורכבים משתמשים ברחוב זה במשך יום אחד, ולאחר שנתברר לו שאין משתמשים בו ס׳ ריבוא ביום אחד, קבע שבוודאי אפשר לעשות עירוב, [ולמעשה לבסוף התנגד להעירוב מטעם אחר לגמרי, משום שבאותו תקופה לא היה כמעט בני תורה בעיר, וחשש שלא יהיה מי שיוכל לפקוח על העירוב אח״כ]. והנה באותו תקופה [בערך בשנת תשכ״ז] היה מספר התושבים בעיר מאנשעסטער קרוב לשנים וחצי מליון אנשים, ואעפ״כ לא חשש לעשות שם עירוב, והעיקר שלא יכלול העירוב רחוב שמשתמשים בו ס׳ ריבוא אנשים, והיינו כדעת הבית אפרים הנ״ל. ובאמת אין לך עדות גדול ממה שכותב בעצמו בספרו כדעת הבית אפרים כנ״ל.

**והנה** טעות העולם נובע ממה שהזכיר כמה פעמים בתשובותיו בשם הבית אפרים דגם בזה״ז יש הרבה כרכים דרה״ר גמורים הם דס׳ ריבוא בוקעים בהם ועיר לונדון אחת מהם, והנה המעיין בדבריו הרי בכל התשובות מיירי לענין אם יש מקום להקל בהוצאה בעיר לונדון בלי עירוב, ומיירי באופן שלא עשו שום עירוב בעיר, ובכה״ג פשוט שאין להקל, שהרי אם יתיר להם להשתמש בדברים אלו ברחובות לונדון בלי עירוב, הרי בקל יכול לבוא לידי הוצאה גם ברחובות הגדולים שבוקעין בהם ס״ר, ולפעמים הם סמוכים מאד לשכונת החרדים [כגון בגולדרס גרין שרחוב North Circular בוקע וחוצה כל השכונה החרדית] ונמצא שבקל יכול לבוא לידי חשש איסור דאו׳, אבל אין לנו שום מקור בדבריו שכל העיר נתהפך להיות רה״ר ושאי אפשר להקים עירוב בחלק קטן של העיר.

**ויש** לציין לדבריו בח״ח סוף סי׳ ס״ב בענין קריאת המגילה בירושלים ד״ה ועוד וז״ל למעשה כתב הרה״ג [ר׳ אלעזר בריזל זצ״ל] כי הודות להשי״ת האוכלוסין של אחב״י מתרבין כן ירבו דבעוד זמן מה נגיע לחשבון של ס״ר בוקעין עיי״ש ואולי כבר הגיע, הרי הוה

רה"ר דאו' ולא מועיל צוה"פ רק דלתות עכ"ל. ויש שרצו לדייק מדבריו שסבר שברגע שיהיה ס"ר תושבים בעיר, יתהפך כל העיר להיות רה"ר. ולענ"ד איני רואה שום הכרח לכך, ונראה כוונתו פשוט, שברגע שיש ס"ר תושבים בעיר, הרי הרחובות הגדולים כגון רחוב הכניסה לעיר, נחשבים לרה"ר כיון שהם משמשים כל העיר, שהרי כל מי שרוצה לצאת ולבא, צריך להשתמש ברחובות אלו.

**והנה** הארכתי בעזהשי"ת במקום אחר לבאר שכן הוא פשטות כל הראשונים והפוסקים הקדמונים, ודעת המחמירים לדון כל העיר כרה"ר הוא דעה מחודשת ואינו הפשטות. אולם מקוצר היריעה ומקוצר הזמן אסתפק בהערה זה.

#### אם להלכה אמרי' אתו רבים ומבטלי מחיצתא

**בגמ'** עירובין (כב.) נחלקו תנאי אם אמרינן אתו רבים ומבטלי מחיצה, לדעת חכמים ור' אלעזר (עירובין כ.) לא אתו רבים ומבטלי מחיצה, ולדעת ר' יהודה ור' יוחנן אמרינן אתו רבים ומבטלי מחיצה.

**והנה** מצינו שלשה סוגי 'מחיצות', א' - 'מחיצות גמורות' [דהיינו מחיצות הנראים במציאות לעיני בשר]. ב' - 'שם ד' מחיצות' [דהיינו דבר שיש לו 'דין מחיצה' אבל אינו נראה לעיני בשר במציאות, כגון פסי ביראות]. ג' - 'מחיצה קלישה' [כגון לחי וקורה]. ובמחיצות גמורות גם ר' יהודה מודה שאין הרבים מבטלים אותם, ובמחיצות קלישות גם חכמים מודים שהרבים מבטלים אותם, וחכמים ור' יהודה נחלקו רק בדרגא האמצעית דהיינו 'שם ד' מחיצות' אם אתו רבים ומבטלי מחיצתא. ונחלקו הראשונים מה נכלל בדרגא האמצעית וכמו שיתבאר.

**ולהלכה** נחלקו הראשונים והאחרונים כמאן נקטי' לדינא, והאריכו בזה המשכנות יעקב והבית אפרים, דעת הבית אפרים (סי' כו וכז) שהלכה כחכמים, והמשכנות יעקב (סי' קכ וקכא) האריך להוכיח שהלכה כר' יהודה, ובאמת כי בדברי הראשונים מצינו ראיות לשני הצדדים.

**ברמב"ם** (שבת פי"ז הל"ג) מפורש להדיא כחכמים, וכן פסק הרמב"ם בפיה"מ (עירובין פ"ב מ"ד [ועי' במשכנו"י עמ' קי"ז וצ"ע], וכן נקט המ"מ שם בדעת הרמב"ם. וכן הוכיחו הבית אפרים (עמ' קעג והגר"ח מוואלאזין (בתשובה הנדפס ריש ספר נשמת חיים) בדעת התוס' (עירובין ו: ד"ה והאמר), וכן הוא דעת הגהות מיימונית (פי"ז הל"ג) עי"ש שהוכיח כן

מסוגית בגמ' (שבת ו:), וכן פסק רבינו חננאל (שבת ק: ד"ה אמר ר' יהודה), וכ"ה דעת הרע"ב (עירובין פ"ב מ"ד), וכן פסק באו"ז (עירובין סי' קכט אות י). ומדברי הבעה"מ (עירובין כב.) נראה שמעיקר הדין הלכה כחכמים, אבל חיישינן לשיטת ר' יהודה ויש להחמיר כדבריו. ומאידך דעת הרמב"ן במלחמות (עירובין כב.) והרשב"א (עירובין ו:) וריטב"א (כב.) ור"ן (כב. ד"ה הכא) ומאירי (יז: ד"ה ר' יהודה) דהלכה כר' יהודה.

**ולהלכה** נחלקו בזה גדולי הפוסקים, והביה"ל (סי' שסד ס"ב ד"ה והוא) כתב וז"ל: 'ומ"מ לאו דרך כבושה היא דרוב הפוסקים העתיקו

כר' יוחנן דבלא דלתות נעולות יש חיוב חטאת' עכ"ל. ונראה לי פשוט שכוונת המשנ"ב במה שכתב 'רוב הפוסקים' היינו לדברי הראשונים הנ"ל, ונמשך בזה אחר דעת המשכנות יעקב שס"ל שרוב הראשונים פסקינן כר' יהודה, [ודלא כהבית אפרים שס"ל שרוב הראשונים פסקו כחכמים]. אבל בנוגע לגדולי הפוסקים האחרונים מצינו שרוב הפוסקים נקטו כדעת חכמים, וכמו שמצוין בהערה ה.

**עוד** יש לציין שהשביה"ל עצמו ג"כ לא דחה שיטה זו לגמרי, אלא כתב של'או דרך כבושה היא', ומסיק שם להדיא שמנהג העולם לסמוך על

◆

ה. עי' מג"א (שס"ג סק"מ, לפי הבנת הבית אפרים עמוד קע"ד, בית מאיר סוף סי' שס"ג, תוספות שבת שם)
חכם צבי (סי' ה וסי' לז) כנסת יחזקאל (סי' ב-ג) מים רבים (סי' לד-לו) מהריט"ץ (סי' רנא), תוספות
שבת (סי' שסג) פרי מגדים (ראש יוסף שבת ו:) אבן העוזר (עירובין ו: כב.) שאילת יעב"ץ (סי' ז) מור
וקציעה (ס' שסג) קרן אורה (עירובין ז.) נודע ביהודה (או"ח מהוד"ת סי' מב) תשובה מאהבה (סי' קיב)
גאון יעקב (עירובין יא.) מכתם לדוד (סי' א) שלחן ערוך כק"ז הרב (או"ח סי' שסג סעי' מב, שסד סעי'
ד, קו"א סי' שמה אות ב) הגר"ח מוואלאזין (בתשובה הנדפס ריש שו"ת נשמת חיים), תפארת צבי (סי'
יא) בית אפרים (או"ח סי' כו) האלף לך שלמה (סי' קפא) אשל אברהם בוטשאטש (סי' שמה) חיי"א
(כלל עא דין טו) ובנשמת אדם (כלל עא אות ט) חסד לאברהם (סי' לט) חתם סופר (או"ח סי' פט)
מהר"ם שיק (או"ח סי' קעא) בית שלמה (סי' מג וסי' נא) צמח צדק (שבת ק. עירובין סוף פרק חמישי)
נפש חיה (סי' כה) רבינו יוסף מסלוצק (סי' יא) מהרי"א הלוי (ח"ב סי' צד) מהרש"ם (ח"ג סי' קפח)
ח"ט סי' יח) ישועת מלכו (סי' כא) שערי ציון (סי' ד) אבני נזר (סי' רסח אות ד, רעו אות א, רעט אות
ב) הרי בשמים (סי' ה וסי' עג) פרי השדה (ח"ב סי' פ"ב).

וכן נמצא בפוסקים האחרונים, עי' אמרי יושר (סי' קב) מנחת פתים (סי' שסד), כף החיים (או"ח
שסד אות יב) דברי מלכיאל (ח"ג סי' י וסי' יד) אחיעזר (ח"ד סי' ח) ערוך השלחן (או"ח שסד סעי' א)
חזון נחום (סי' לו) אבן יקרה (סי' לו) חזו"א (או"ח סי' עד סק"י וסי' קז סק"ד) חלקת יעקב (סי' קעא)
חבצלת השרון (סי' כב) לבוש מרדכי (סי' ד אות ב) כוכב מיעקב (ח"א סי' קסא) ועוד.

שיטת המקילין כל שיש עוד צירוף, ומסיק שבעל נפש יחמיר לעצמו אבל אין למחות ביד הנוהגים להקל.

**האם מועיל צוה"פ שלא יהא רה"ר מדאורייתא**

**בגמ'** עירובין (שם) דנו בדעת ר' יוחנן אם נקט כחכמים או כר' יהודה, ורצו להוכיח בדעת ר' יוחנן דס"ל כר' יהודה מהא דאמר 'ירושלים אילמלא דלתותיה ננעלות בלילה חייבין עליה משום רה"ר', והקשו שם בתוס' ד"ה והא וא"ת שאני ירושלים דהוה רחבה ט"ז אמות ופסין ליכא אלא י"ג ושליש, וי"ל הואיל והיה לירושלים צורת הפתח דחשיב כמחיצה כדאמר בפ"ק וכו' לא היה לרבים דבקעי לבטל המחיצה, עכ"ל.

**והנה** כמה אחרונים ו הבינו בדעת התוס' כי מה"ת מועיל צורת הפתח לבד לעשות 'שם ד' מחיצות', וממילא לדעת חכמים אמרינן לא אתו רבים ומבטלי מחיצתא, ורק 'מדרבנן' צריכין לעשות דלתות כמבואר בפ"ק ו:. ולפי"ז לשיטת הפוסקים שנקטו כחכמים דלא אתו רבים ומבטלי מחיצה, סגי בצורת הפתח שלא יהא חשש רה"ר דאורייתא, שאפי' אם ס' רבוא בוקעין בו כיון שמסובב בצוה"פ אין כאן רק חשש דרבנן.

**אלא** דלמעשה אי אפשר לסמוך על זה לבד מכמה טעמים, חדא - דאפי' לדבריהם אע"ג שהועלנו לסלק החשש דאורייתא, אבל עדיין צריכין לתקן דווקא דלתות מדרבנן [אכן הועיל שיטה זו דבמקום ספק רה"ר יש לדונו כספק דרבנן ולא יצטרך דלתות כמבואר כל זה בביהל"כ סי' שס"ד ד"ה ואחר וכו'].

**שנית** - הגאון רעק"א (תשובות החדשות סי' ו') ומשכנות יעקב (סי' קכב, עמוד קמד ד"ה ועתה)

---

**ו.** יעוין בישועות מלכו (סי' כ"א) ואבנ"נ (סי' רע"ג אות ט"ז ועוד כמה מקומות) ואש"א בוטשאטש (סוף סי' שמ"ה) שפירשו כן להדיא בדעת התוס', וכן נראה באג"מ (ח"א סי' קל"ט אות ג'), וכן נראה מדברי הגר"ח מוואלאזין (בתשובתו הנדפס בריש ספר נשמת חיים) שהבין כן בדעת התוס', וכן נראה מדברי כק"ז זצ"ל בשו"ע הרב (סי' שסד סעיף ד' בסוגריים) שפסק שצוה"פ מועיל מדאו', ונכדו בספר צמח צדק (עירובין עמוד סד) כתב שזקינו הרב זצ"ל הוכיח כן מדברי התוס', וכן משמע מדברי הביה"ל (סי' שסד ד"ה והוא) שהביא בשם אחרונים שלדעת חכמים מועיל צוה"פ מדאו', ולכאו כוונתו לאחרונים הנ"ל שהבינו כן בדעת התוס'.

ובאמת מהלך זו מצינו להדיא בראשונים, יעוין בחי' הרשב"א (עירובין דף ו: ד"ה והא) והר"ן (כב. ד"ה כאן) שצוה"פ לבד מועיל לעשות 'שם ד' מחיצות' לדעת חכמים, ולא צריכין דלתות רק מדרבנן.

הבינו בכונת התוס׳ באופן אחר, שאין כונתם לומר שצוה״פ לבד מועיל לעשות ׳שם ד׳ מחיצות׳, אלא כוונתם שיש כאן ׳שם ד׳ מחיצות׳ מצד ׳עומד מרובה׳, ורק שזולת הצוה״פ לא היה נחשב זה לכלום מחמת הפירצות, שהרי היה שם פירצות יותר מט״ז אמות, וע״ז מועיל צוה״פ לסלק ׳הפירצה׳, וממילא יש כאן ׳שם ד׳ מחיצות׳ מצד ׳עומד מרובה׳. ולפי דבריהם אין לנו שום מקור ש׳צוה״פ׳ לבד מועיל לעשות ׳שם ד׳ מחיצות׳.

**וכן** נקטו להלכה גם בבית אפרים ובחזו״א, שצוה״פ לבד אינו מועיל כלל לתקן רה״ר. וכן מפורש בריטב״א (עירובין כב. ד״ה דרבנן) וז״ל: ואפילו בצורת פתח נמי לא חשיבא מחיצות כעין פסי ביראות שיש שם שתי אמות עומדין, עכ״ל.

### האם מועיל ׳עומד מרובה׳ לתקן רה״ר

**והנה** יש לדון אם מחיצה של עומד מרובה מועיל לעשות ׳שם ד׳ מחיצות׳, בריטב״א (עירובין כב. ד״ה דרבנן) מפורש שמועיל, וכתב שם שעדיף מפסי ביראות, וממילא לדעת חכמים אמרינן לא אתו רבים ומבטלי מחיצה, וכן מוכח בתוס׳ (עירובין כב: ד״ה ת״ש), וכן נקט המשכנות יעקב (עמוד קמה ד״ה ונחזור) וסיים שם וז״ל: והדברים ק״ו מהפסין שאינן רק שם ארבע מחיצות ופרוץ מרובה וכו׳, כ״ש במחיצות גמורות עומד מרובה וכו׳, והוא פשוט מאד לענ״ד והדברים נכונים ומוכרחים מהש״ס ופוסקים, עכ״ל.

**וכ״כ** האחיעזר (ח״ד סי׳ ח) וז״ל: א״כ לפי״ז אין להעיר פריז דין רה״ר מה״ת לכו״ע, והגם שיש שם הרבה פרצות וכו׳ מ״מ כיון שהעומד מרובה על הפרוץ וכו׳. וכן נקט בחזו״א (סי׳ עד אות י) בפשיטות, וכתב שעדיף טפי מפסי ביראות.

**אלא** שיש להדגיש שיש איזה שינוי בין האחרונים, לדעת החזו״א והאחיעזר כל שיש כאן עומד מרובה גם בלי צוה״פ כבר יש כאן ׳שם ד׳ מחיצות׳, והיינו משום שס״ל שפירצה יתר מעשר הוא רק דרבנן׳,

ז. ובאמת מצינו לכאו׳ שכבר נחלקו בזה הראשונים. לענין פסי ביראות מצינו בתוס׳ הרא״ש רפ״ב דעירובין שפירצת עשר הוא רק דרבנן וכן מבואר בריטב״א יז: וכן מש׳ ברבינו יונתן רפ״ב דעירובין וכן מבואר בספר האשכול (הלכות עירובין סי׳ ס״ז) וכבר נחלקו בזה גדולי הפוסקים הבית אפרים (סי׳ כ״ז) והמשכנו״י (סי׳ קכ״א).

גם לענין עומ״ר מצינו שנחלקו בזה הראשונים ואחרונים. במאירי יא. בשם גאוני הראשונים מש׳

אולם במשכנ"י חולק ע"ז וס"ל דפירצה יתר מעשר הוא דאורייתא, ואעפ"כ מועיל צוה"פ, והיינו משום שעיקר 'שם ד' מחיצות' הוא מצד העומד מרובה, והצוה"פ הוא רק לסלק שם 'פירצה' מינה. אבל הא מיהת היכא שיש עומ"ר וגם תיקנו כל הפירצות בצוה"פ, לפי כל הפוסקים הנ"ל יש לו דין 'שם ד' מחיצות', ומועיל עכ"פ לדעת חכמים.

**אך** בחזו"א שם נראה דס"ל שלפי השיטות שפירצת עשר הוה דאורייתא, לא היה מועיל צוה"פ לתקן עומד מרובה, ומה"ט הוצרך לחדש שפירצת עשר הוא רק דרבנן, שאל"כ לא היה מועיל הצוה"פ כלל, וכן נראה בדברי הבית אפרים (עמוד רכ"ג). וזה דלא כהמשכנות יעקב שסבר שאינו תלוי זה בזה, ואפי' אם פירצת עשר הוה דאורייתא עדיין מועיל צוה"פ, והיינו משום שסבר שעיקר 'שם ד' מחיצות' הוא מכח עומ"ר, וצוה"פ מועיל רק לסלק שם 'פירצה' מינה, וכן מבואר בשו"ת הגרעק"א (החדשות סי' ו) וכמו שביארנו.

**עוד** נפ"מ ביניהם לדינא, דלשיטת המשכנ"י יצטרך לעשות הצוה"פ דווקא בצד העומ"ר, ואילו לשיטת החזו"א והסוברים שפירצת עשר הוה רק דרבנן, כל שיש כאן עומ"ר, יכול לעשות צוה"פ על כל רחוב שהוא רוצה אפי' אינו בצד העומ"ר. ודבר זה שכיח מאד בעירובין השכונתיים, שלפעמים קשה מאד לצמצם שיהיה הצוה"פ דווקא בצד העומ"ר, וא"כ לפי המשכנ"י אין לנו היתר, אבל להחזו"א ודעימיה שפיר יכול לסמוך על העומ"ר.

**ובאמת** במשנ"ב אין לנו שום ראי' שחולק על היסוד של המשכנו"י שעומ"ר מועיל כל היכא שתיקן כל הפירצות בצוה"פ, ומסתבר מאד שלא יחלוק על מו"ר המשכנו"י ובפרט שנמשך אחריו מאד בכל הלכות עירובין, והא שתמה המשנ"ב

שהוה רק דרבנן, שהרי צידד שפירצת יתר מעשר אינו פוסל בחצר, וזה יתכן רק אם נימא שהוה רק דרבנן. וכן מפורש בקרית ספר למבי"ט (הלכות שבת פרק ט"ז). ומצד שני מצינו בראשונים שפירצת עשר עכ"פ בעומ"ר הוה דאו', עיי' בר"ח (עירובין קא.) ירושלים לאחר שנפרצו בה פירצות 'יתר מעשר' הוה רה"ר מדאו', ומש' שפירצת עשר הוה דאו'. וכן מבואר בריטב"א מז: שפירצת עשר בעומ"ר הוה דאו'. וכן בדף יז: הביא שיטת הסוברים שפירצת עשר הוה רק דרבנן ודוחה דבריהם. ובדברי הפוסקים ג"כ מצינו שנחלקו בזה, בחזו"א ק"ב אות ה' מפורש שהוה רק דרבנן, וכן נקט באחיעזר ח"ד, וכן הביא הבה"ל סי' שס"ב סעיף י' ד"ה בשכל בשם הפרמ"ג, וכן נקט באג"מ או"ח ח"ב סוף סי' פ"ט.

על העיירות שסומכין על צוה"פ ונדחק ליישב מנהגם, היינו משום שלפי הנתבאר לפי המשכנו"י לא יועיל צוה"פ לתקן הפירצות רק אם הם נמצאים בצד העומ"ר, ולפעמים קשה לדקדק ע"ז, אבל אם באמת יהיה עירוב שיקפידו לעשות הצוה"פ בצד העומ"ר אין לנו שום מקור מדברי המשנ"ב שחולק על היתר של המשכנו"י ורעק"א.

**בספר** גאון יעקב (עירובין כב: ד"ה פליגי) הביא מדברי הרמב"ן במלחמות (עירובין כב. ד"ה ר' יהודה) חידוש נוסף, שבעומד מרובה אפי' לדעת ר' יהודה לא אמרינן אתו רבים ומבטלי מחיצה, וביאר שם שדווקא בפסי ביראות שצריכין לראות 'כאילו' המחיצות מאריכות וסותמות זו לזו, ע"ז אמרינן שאם הרבים בוקעין דרך אותו הפירצה אי אפשר לראות 'כאילו' הם סתומות, אבל בעומד מרובה א"צ לראות 'כאילו' הוא סתום, וממילא לא אתו רבים ומבטלי מחיצה.

**וכן** משמע ברבינו יונתן (על המשנה כב.) וז"ל: ד[ר' יהודה] ס"ל דאתו רבים ומבטלי מחיצות כאלו שהפרוץ מרובה על העומד מארבע רוחותיה עכ"ל. וכן כתב במאירי (יז.) וז"ל: אבל זו שאין כאן מחיצה גמורה וכל פרוצים שלה מרובים על העומדים אתו רבים ומבטלי מחיצתא, עכ"ל. ומשמע מדבריהם דבמחיצה שהעומד מרובה על הפרוץ לא אתו רבים ומבטלי אפי' לר' יהודה, אולם בדברי הריטב"א הנ"ל מבואר שעומד מרובה מועיל דווקא לדעת חכמים, וכן משמע מסתימת הפוסקים.

**אולם** בבית אפרים (סי' כז עמוד רכד ד"ה ועכ"פ) נראה שחולק על כל זה, וס"ל דדווקא דיומדין יש לו שם ד' מחיצות, ועל כן כתב שמה"ט ירושלים לאחר שנפרצו בה פירצות היה רה"ר גם לדעת חכמים, והיינו משום שנפרצו חיבור הקרנות זה מזה, וממילא לא היה שם דיומדין, [ובעמוד רכו בהג"ה ועמוד רכח בהג"ה הוסיף, שיש לדחוק גם כוונת הריטב"א הנ"ל שמועיל עומד מרובה דווקא כשהיה חיבור הקרנות, ומועיל מדין 'פסי ביראות', וצ"ע]. ושו"מ בשו"ת מהריט"ץ (סי' רנא) בנידון עירוב בצפת שכתב דלא חשיב ג' מחיצות משום דאיכא פירצה בקרן זוית, והוא כדעת הבית אפרים הנ"ל.

**ויש** לציין שהחזו"א נראה שהיה לו הבנה אחרת בדעת הבית אפרים, ולדעתו גם הבית אפרים מודה שעומ"ר מועיל, אלא שסבר שפירצה בקרן זוית הוה דאו', עי' בספר שלום יהודה (עמוד ס' ד"ה חומת ירושלים). אולם רוב אחרונים נקטו

בדעת הבית אפרים שאין כוונתו שהיה פירצה בקרן זוית, אלא שלא היה חיבור קרנות וממילא לא היה ׳דיומדין׳. ולפי״ז יתכן שמודה שפירצה בקרן זוית הוא רק דרבנן, ובאמת כן הוכיח גם במנחת יצחק ח״ח סי׳ ל״ב. [אולם מה שנקט המנחת יצחק כן בדעת החזו״א צ״ע, שהרי לפי הנתבאר, מוכח בדברי החזו״א שפירצה בקרן זוית הוא דאו׳, ואח״כ מצאתי שבחזו״א סי׳ ע״ב אות א׳ מסתפק בזה אם פירצה בקרן זוית הוא דאו׳ או דרבנן].

**גם** במשכנות יעקב (סי׳ ק״כ וסי׳ קכ״א) כתב שאין לסמוך על היתר זה להלכה, והיינו משום שסבר דהלכה כדעת ר׳ יהודה ש׳שם ד׳ מחיצות׳ אינו מועיל, ואתו רבים ומבטלי מחיצתה. אבל יש להדגיש שכל זה רק לפי מה שנקט כדעת הריטב״א דעומד מרובה אינו מועיל רק לדעת חכמים, אבל לפי מה שהבאנו לעי׳ בשם הרמב״ן רבינו יונתן ומאירי, א״כ היתר זה מועיל גם לדעת ר׳ יהודה.

**ונמצא** שיש החולקים על היתר זו מטעמים שונים, המשכנו״י חולק משום דס״ל דאתו רבים ומבטלי מחיצתא, והבית אפרים ומהריט״ץ חולקין משום שאינו נחשב ׳שם ד׳ מחיצות׳ רק אם יש דיומדין.

**ויעוין** בבית מאיר (סי׳ שס״ד ס״ב) שהקשה על שיטה זו מדברי השו״ע סי׳ שמ״ה, שהרי פסקי׳ שם שרה״ר המוקף חומה ומפולש משער לשער אי אפשר להתירו רק ב׳דלתות׳, והרי מן הסתם היה שם עומד מרובה שהרי מיירי בעיר המוקף חומה, ואעפ״כ כתב שאין להתיר רק ב׳דלתות׳. ומצינו באחרונים שני תירוצים על זה, בשו״ע כק״ז הרב (סי׳ שמ״ה סעיף י״א בסוגריים) מבואר שמיירי באופן שמחיצות הבתים בשני צדדי רה״ר מגיעים עד השער באופן שיש כאן ׳סילוק מחיצות׳, וכ״כ בבית אפרים (עמוד קעא), וכן משמע במאירי (עירובין כב.), ולפי״ז ניחא שאי אפשר לסמוך על עומד מרובה מהצדדים כיון שיש כאן סילוק מחיצות. עוד י״ל שמיירי בחומה עגולה שבכה״ג כל פירצה הוה כפירצה בקרן זוית וממילא לא מועיל עומ״ר, וכן כתב החזו״א במכתבים ליישב הא דירושלים אילמלי דלתותיה היה רה״ר דאו׳.

**כלל** העולה שהיתר זה של עומ״ר בצירוף צוה״פ, לדעת הרמב״ן רבינו יונתן ומאירי מועיל אפי׳ לר׳ יהודה, ולדעת הריטב״א ומשכנות יעקב חזו״א ואחיעזר מועיל עכ״פ לחכמים, אבל לפי הבית אפרים

ומהריט״ץ אינו מועיל אפי׳ לחכמים כנ״ל, ובדברי המשנ״ב אין לנו הכרע בזה.

**לאחר** כל הקדמות הנ״ל יתבאר לנו בעזהשי״ת דברי זקנינו זצ״ל במנחת יצחק ח״ח סי׳ ל״ב שכתב נפק״מ לדינא בין הבית אפרים להמשכנו״י, באופן שיש עומ״ר אבל אין דיומדין, כלומר שאין המחיצות נוגעין לאהדדי בזוית, שלפי המשכנות יעקב יהיה כאן ׳שם ד׳ מחיצות׳, ולפי הבית אפרים לא יהיה שם ד׳ מחיצות כנ״ל. ובאמת במושכל ראשון דברי זקנינו זצ״ל מוקשים להבנה, שהרי המשכנות יעקב האריך להוכיח שכל שיש פירצה יתר מעשר מבטל המחיצה מדאו׳, וא״כ בהכרח שמיירי באופן שתקנו כל הפירצות בצוה״פ, וא״כ לכאו׳ גם לדעת הבית אפרים למה אינו מועיל כשמתקן הפירצות בקרן זוית ע״י צוה״פ.

**ולהנ״ל** ניחא, שהרי לפי הנתבאר יש לנו מחלוקת יסודי בין המשכנות יעקב ובית אפרים, לדעת המשכנות יעקב גם היכא שיש פירצה דאו׳ מועיל הצוה״פ לתקנו, והיינו משום שאין צריכין שהצוה״פ יועיל מצד עצמו, אלא שעיקר שם מחיצות יהיה מצד העומ״ר, והצוה״פ מועיל לסלק שם ׳פירצה׳. אבל לדעת הבית אפרים [והחזו״א] כל היכא שבלעדי הצוה״פ היה כאן פסול דאו׳, לא היה מועיל הצוה״פ לתקן מצד עצמו, וכיון שדעת הבית אפרים שרק דיומדין מועיל לעשות ׳שם ד׳ מחיצות׳, א״כ שפיר אין הצוה״פ מועיל כלל לתקן הפירצה.

**והנה** שמעתי מדודינו הרה״ג ר׳ מנחם מאיר ווייסמאנדל שליט״א רב דקהל תורת חמד נייטרא מאנסי, [ועובדא זו מובא גם בספר על מצות עירוב] שפעם נסע עם זקינינו זצ״ל בעיר בארא פארק בשנת תשמ״ח, וכשראה זקינינו זצ״ל רחובות העיר שהם ישרים בלי שום עיקש ופתלתול, התבטא מתוך נועם שיח, ולא בתורת פסק בערך בזה״ל ׳לפי בנין הרחובות בבארא פארק הוא עומד מרובה על הפרוץ ואינו רשות הרבים מן התורה ויותר מהודר מכמה שאר עיירות וא״כ מדוע אין יכולין לעשות עירוב בבארא פארק׳ עכ״ל.

**והנה** שיחת תלמידי חכמים צריכין לימוד, ויש להתבונן בדבריו, שמצד אחד משמע מדבריו שנקט כדעת החזו״א שפירצת עשר הוא רק דרבנן, שהרי עדיין לא עשו הצוה״פ, אולם אם נכון הדבר, א״כ למה החמיר בעיירות גדולות כמו לונדון וכדו׳ שדינם כרה״ר [עכ״פ בלי עירוב], הרי במקומות אלו ג״כ יש עומ״ר מחמת

הבתים, וכנראה שסבר שכל שאין צורת הבתים ישרים, ואכן כן הוא המציאות בדרך כלל ברוב עיירות גדולות כגון לונדון וכדו׳ שנבנו כבר בתקופת הראשונים, א״כ יש לחוש לפירצה בקרן זוית, שהרי שיטת החזו״א שכל שצורת הבתים הם בעיגול צריכין לחוש על כל פירצה שהוא קרן זוית, ובכה״ג מצדד החזו״א שפירצת עשר הוא דאו׳, אולם עדיין צ״ע שהרי הבאנו לעי׳ שהמנחת יצחק בעצמו נקט בדעת החזו״א שפירצה בקרן זוית הוא רק דרבנן. ואולי סבר שכל שאין הרחובות ישרים, אין רואין אותם בכלל כהמשך אחד, וגרע מפירצה בקרן זוית, וצ״ע.

**ובאופן** אחר י״ל שלעולם סבר כדעת המשכנות יעקב שפירצת עשר הוא דאו׳ כל שלא עשה צוה״פ, וכוונתו היה שבבארא פארק אם יעשו צוה״פ אזי יועיל לתקן הרה״ר מחמת העומ״ר כמו שביארנו, ולפי״ז ניחא שבלונדון ועיירות גדולות כל שעדיין לא עשו צוה״פ שפיר יש כאן רה״ר דאו׳, וצ״ע.

**החזו״א** יצא לחדש חי׳ ׳נוסף׳ על כל הנ״ל שברגע שיש רחוב אחד שהוא מוקף בשלש מחיצות שוב נתהפכו כל הרחובות המפולשים אליו להיות רשה״י, ואין כאן מקומו להאריך בזה ועוד חזון למועד, אבל זאת אדגיש, שכל מה שכתבנו עד השתא אינם חי׳ של החזו״א שהרי כפי שנתבאר הכל מבואר להדיא בראשונים ואחרונים, וגם במשנ״ב לא מצינו להדיא שחולק על מה שכתבנו עד השתא כמו שכתבנו רק על החי׳ ׳הנוסף׳ של החזו״א. עוד זאת אדגיש שבהרבה עירובין הנעשים בעיירות אין צריכין כלל לצרף חידוש ׳הנוסף׳ של החזו״א, שהרי בלא״ה יש עומד מרובה מכל ארבע הצדדים בצירוף צוה״פ, ועיקר החידוש של החזו״א נצרך רק באופן דליכא עומר מרובה וצוה״פ על כל השטח רק על רחוב אחד בלבד, וע״ז מחדש החזו״א שכל הרחובות היוצאין מרחוב זה ג״כ נחשבים כמוקפים שלש מחיצות, וחידוש זה לא מצאנו בשאר הפוסקים.

## הרב יצחק יעקב ווייס

## בענין לקיחת כדורי שינה sleeping pills בשבת

**בסימן** שכ"ח סי' מ"א כתב המחבר
וז"ל: מי שנשתכר שרפאותו
לסוך כפות ידיו ורגליו בשמן מותר
לסוכם בשבת עכ"ל. וכתב הט"ז טעם
ההיתר דאין זה רפואה [וכוונתו,
להפיג שיכרות אינו רפואה] אבל אין
ללמוד מזה היתר להשים אפר כתוש
להפיג השכרות הגם דאינו רפואה כי
אותו אפר פעולתו לרפואה לשאר
דברים עכ"ל.

**והק'** התהלה לדוד דבסעיף ל"ו כתב
המחבר וז"ל: אין לועסין
מצטיכי ולא שפין בו השינים לרפואה
ואם משום ריח הפה מותר עכ"ל, ולא
אמרינן דאסור כיון דפעולתו לרפואה,
ותי' דכוונת הט"ז דשיכור דמי
לרפואה ויש לגזור באפר כתוש כיון
דמשתמשין בו לרפואה משא"כ בריח
הפה אינו דומה לרפואה.

**המ"א** כתב טעם ההיתר כמו בסעיף
מ"ג דכל רפואה שאין עושים
אותו עם סממנים אין בו גזירה
שחיקת סממנים ומותר לעשותו
עכ"ד. ונראה כוונתו דלעולם להפיג
שיכרות הוי רפואה, רק כיון דאין
דרך לעשותו עם סממנים מותר,

ומשמע מדבריו דאם אינו רפואה כלל
מותר. היוצא מדברינו דבין להט"ז
ובין להמ"א מה שאינו רפואה מותר
רק דלהט"ז אם משתמשים בזה גם
לרפואה אסור כמו באפר כתוש, אבל
דוקא בדבר דדמי לרפואה כמו שיכור
כמו שביאר בתהלה לדוד.

**עוד** נראה להקדים, דבדרך כלל אדם
שאינו יכול לישון, הרי זה
תוצאה מדאגה או שאינו רגוע מחמת
איזה סיבה שיהיה, וזה לא מיקרי
חולה או מיחוש דהרי הוא אדם בריא
לחלוטין ורק דבר חיצוני מפריע לו.
וא"כ לקיחת כדורים אלו אינם
לרפואה ורק עוזר להרגיעו ומעמיד
המח על מכונו, וגם אינו דומה
לרפואה דהרי הוא אדם בריא ואינו
שיכור, וא"כ לכאו' בין להמ"א ובין
להט"ז מותר לקחת הכדורים.

**אבל** בשו"ת מנחת יצחק חלק ג' סי'
כ"א מחדש דסממנים אסור
אפי' לבריא וזהו כוונת הט"ז דהכא
אינו לרפואה ומותר, ולא דמי לאפר
כתוש דאסור דכיון דפעולתו לרפואה
לשאר דברים אסור אפי' אינו לרפואה
כגון לאדם בריא, ומביא דברי

הפרמ"ג דמשמע כן מדבריו וז"ל: ובאפר כתוש אפשר הואיל ואין דרך בריאים לעשות כן א"כ נראה כעושה רפואה בשבת אעפ"י שמה שמפקח השיכרות אין זה רפואה עכ"ל, והיינו דנראה כעושה רפואה בסממנים. וזה דלא כהתהלה לדוד הנ"ל בדעת הט"ז. והוסיף שם המנחת יצחק דגם המ"א סובר כן דבסממנים אסור אפי' אינו לרפואה עכ"ד.

**אולם** קשה לי קצת על דבריו, דהרי בסעיף ל"ז פסק המחבר וז"ל:
כל אוכלים ומשקים שהם מאכל בריאים מותר לאכלן ולשתותן אע"פ שהם קשים לקצת בריאים ומוכחא מלתא דלרפואה עביד אפילו הכי שרי וכל שאינו מאכל ומשקה בריאים אסור לאכלו ולשתותו לרפואה. עכ"ל. ומבואר מדבריו שמאכל ומשקה בריאים מותר לבריא אם אין לו שום מיחוש, וכנראה שלמד המנחת יצחק דזה דוקא 'מאכל' אבל 'סממנים' אסור דנראה יותר כרפואה.

**ולפי** דבריו כדורי שינה תלוי לפי המציאות אם משתמשים ברכיבים אלו גם לצורך איזה רפואה אסור כמו באפר כתוש דהוי סממנים ואם אין משתמשים לצורך רפואה אין בו דין סממנים ומותר. ונראה דויטמין הנקרא מילו-שו מותר גם לפי המנחת יצחק דודאי אין משתמשין בו לצורך רפואה.

**ויש** להוסיף שמי שמערכת עצבים שלו חלש ואינו יכול לישון, אולי יש לו דין מיחוש או חולה ואין לקחת כדורים רק כפי כללי הלכות רפואה, אבל על פי רוב אין זה המציאות, ועי' בשו"ת חלקת יעקב סי' קנ"ג אות ג' דכתב לקחת כדורים כדי לישון טוב נכנס בגדר מיחוש ואולי כוונתו באופן כזה.

## הרב ישראל אברהם ווייס

# תשובה בענין הלואה ברבית לצורך ביהכנ"ס

### שאלה.

**עמותה** של ביהכנ"ס שקנו בית לצורך בנין ביהכנ"ס, ולקחו הלואה (mortgage) מבנק שבבעלות ישראל וקצצו על רבית, ובנוסף לזה הי' שלשה ערבים ישראלים על הלואה זו, בערבות פרטית (personal guarantee). ויש בזה ב' שאלות, א) האם מותר לעמותה ליקח הלואה ברבית. ב) האם מותר לישראל להיות ערב על הלואה זו.

### תשובה.

**א.** לגבי נידון הראשון אם עמותה מותר ליקח הלואה ברבית, לכא' מותר לכתחילה שהרי כדי שיהי' איסור רבית צריך שיהי' מלוה ולוה, ובניד"ד אין כאן שום לוה, שאין שום אדם פרטי שיש עליו שעבוד הגוף או שעבוד נכסים לשלם החוב. דהנה בפוסקים דנו במי שלקח הלואה אך התנה שאחריות יהי' רק על נכסים מיוחדים ולא יהי' עליו שעבוד הגוף (חברת בע"מ), ובאגרו"מ (יו"ד ח"ב סי' ס"ג) התיר בזה מפני שס"ל שאם ליכא שעבוד הגוף לא מיקרי לוה, ולדבריו בניד"ד בודאי מותר. ואף להפוסקים שחלקו עליו וס"ל דאסור מדרבנן (מנח"י הגרשז"א ועוד), היינו משום דס"ל דמי שהוא הבעלים של הנכס שמשועבד להחוב הוא מיקרי לוה, שהרי נכסיו משעובדים להחוב. אך הכא לכא' ליכא שום בעלים על נכס זה שהרי מוקדש לצדקה, ואף שיש הרבה בני קהילה שישתמשו בנכס זה אך אינם בעלים עליו, ואף טובי הקהל לכא' אינם רק מנהלים ולא בעלים.

**ב.** אך לגבי השאלה השני אם מותר לישראל להיות ערב על הלואה זו, שמבואר בסי' ק"ע ס"ב דאסור להיות ערב על הלואה מישראל ברבית אפי' אם הלוה הוא עכו"ם, שנחשב שהערב הוא הלוה מן המלוה, והכא לא שייך ההיתר הנזכר לעיל, שהרי יש אחריות ושעבוד הגוף על הערב לשלם החוב, ולא מהני מה שאין שעבוד הגוף על הלוה או שאין כאן שום לוה, שהרי סו"ס הערב הוא נעשה הלוה.

**אך** נראה דיש לדון בזה להיתרא מכח ההיתר **דמשכון טוב** וכמו שיתבאר. אך מקודם נקדים

דיש הרבה פרטים בדין זה של משכון טוב וראיתי בספרי זמנינו שקצת מבוכים בענין זה, ולכן ראיתי לסכם דינים היוצאים מדברי הפוסקים (בלי להיכנס הרבה בעיון וסברת דבריהם).

**סיכום דין ערב ישראל כשיש משכון**

**א.** ישראל שלוה מחבירו ישראל לצורך העכו"ם ומלוה על המשכון של העכו"ם ואמר הישראל שהוא (הישראל השליח) יפרע קרן ורבית.

**א.** אם הלואה **לא** הי' לצורך העכו"ם (דהיינו שלא אמר שהעכו"ם יפרע קרן ורבית אף שידוע שהוא לוה לצורך העכו"ם) **אסור**. (קס"ט רמ"א סי"ד וש"ך סקמ"ט).

**ב.** אך אם המשכון טוב (שיש בו לשלם בין הקרן ובין הרבית) כתב הש"ך (סקמ"ט) דהמנהג בהרבה מקומות להקל בזה, אך בסוף דבריו כתב דיש ליזהר בדבר.

**ג.** אם הישראל פירש בהדיא דאינו רק ערב סתם, מותר (חלקת בנימין סקק"נ).

**ד.** אם הלואה הי' לצורך העכו"ם (שאמר בפירוש שהעכו"ם יפרע קרן ורבית, והוא מקבל עליו אחריות רק מדין ערב) יש בזה סתירה בדברי הש"ך, דבש"ך סי' קס"ט (סקמ"ט) כתב שמותר לישראל להיות גם ערב קבלן[ח], ובש"ך סי' ק"ע (סק"ח) כתב **דאסור** (ואם הוא רק ערב סתם בודאי מותר). ובחוו"ד (ק"ע סק"ח) מיישב הסתירה ומחלק דבמשכון טוב מותר, דאז עיקר סמיכות הדעת הוא על המשכון והישראל אינו רק כערב סתם, ובמשכון שאינו טוב (שאין בו כדי לשלם כל הקרן והרבית) **אסור**.

**ב.** ישראל שלוה מעכו"ם לצורך ישראל חבירו ומלוה על המשכון של ישראל ב'.

**כתב** בש"ך (קס"ט סקנ"ב) בשם ב"י דאסור לישראל לקבל אחריות, ואף להיות ערב קבלן אסור.

(**אך** להיות ערב סתם מותר, עי' שו"ת מנח"י ח"ד סי' י"ט אות י').

**ובחוו"ד** (ק"ע סק"ח) כתב דהכא אסור אף במשכון טוב, ואף דבישראל שלוה מישראל לצורך העכו"ם כתבנו לעיל דמותר בכה"ג (עי' לעיל אות א', ד' בשם החוו"ד) הכא

---

ח. אך צ"ע מקור דברי הש"ך מרמ"א ק"ע ס"ב, דשם מבואר לכא' דאסור.

דלוה מעכו"ם גרע טפי[ט], וכתב הטעם לחלק דבמלוה ישראל בודאי יגבה מהמשכון ולא יתבע מישראל השליח (לכא' הסברא בזה משום דאינו רוצה לעבור על איסור רבית), משא"כ במלוה עכו"ם אפשר שיתבע השליח ולא ירצה לגבות מהמשכון עכ"ד. ועפי"ז כתב המנח"י (ח"ד סי' י"ט אות י"ב) שאם המציאות הוא שרואים באיזה מלוה עכו"ם שתובע לעולם קודם מהמשכון, יהי' מותר אף במלוה עכו"ם.

**אחר** שבירנו כל זה אפשר לחזור ולדון בנדון שלפנינו

**ג.** אם המציאות הוא שגובין קודם מהבית[י], ורק אם אין מספיק כסף מהבית גובין מהערב לכא' מותר דהו"ל **כערב סתם.**

**ואף** אם חתמו בשטר שמקבלים עליהם דין ערב קבלן אפ"ה מותר, דכיון שיש משכון טוב עיקר סמיכות דעת הוא על המשכון, ובזה מותר אף בערב קבלן כמבואר בש"ך (קס"ט סקמ"ט) דבפועל אינו רק ערב סתם כיון שגובים קודם מהמשכון, ואף שכתב החוו"ד (ק"ע סק"ח) דבמלוה עכו"ם אסור, מטעם שחיישינן שיגבה קודם מהערב ואח"כ מהמשכון (משום שלא איכפת לי' מאיסור רבית), וא"כ הי' אפשר לדון דגם במלוה ישראל אם אינו שומר תו"מ יש חשש זה, אך הכא דרואים המציאות שהולך לעולם קודם להמשכון לכא' מותר מדין משכון טוב[יא].

**ד.** אך אם המציאות שהרבה פעמים הולכין קודם להערב ואח"כ גובים מהבית לכא' אסור דהו"ל **ערב קבלן**, עי' ק"ע ס"ב שבזה לכו"ע אסור אם המלוה הוא ישראל, ואף שהש"ך מתיר במשכון טוב היינו רק במלוה ישראל משום שיגבה קודם מהמשכון, אך במלוה עכו"ם כתב החוו"ד הנ"ל שאסור שעדיין יש לחשוש שיגבה קודם מהערב, וא"כ ה"ה במלוה ישראל שאינו שומר תו"מ יש חשש זה, ובפרט שרואים

---

**ט.** אך דברי החוו"ד צ"ע, דהש"ך קאי על דברי המחבר (סעי' י"ז) דמיירי במשכון שאינו טוב כמבואר בפירוש בש"ך סקנ"א, ולכא' במשכון טוב אה"נ דמותר להיות ערב קבלן, כמו במלוה ישראל, (חלקת בנימין ביאורים סעי' י"ז סוף ד"ה אם אחריות).

**י.** דהיינו שעושין (forclosure) על הבית.

**יא.** וכ"כ במנח"י ח"ד סי' י"ט אות י"ב, ובמשנת רבית סט"ו הערה ח.

בחוש שהם גובים הרבה פעמים קודם מהערב.

**ה.** אך יש לדון אם אסור מה"ת או מדרבנן (והנפ"מ הוא אם ההלואה הוא לצורך מצוה כדלהלן), הנה לדעת **הרמ"א** שם הוי דרבנן אפי' בערב שלוף דוץ, אך רוב הפוסקים חולקים עליו וס"ל דערב שלוף דוץ אסור מה"ת, ובערב קבלן לדעת **הט"ז** הוי ר"ק **ולש"ך** אסור רק מדרבנן. וכל זה במלוה עכו"ם וישראל הלוה (עי' ס"א שם), אך במלוה ישראל ועכו"ם הלוה יש משמעות בש"ך שם (סק"ב) דאף בערב קבלן הוי ר"ק לדעת האוסרים, אך אינו מוכרח, ובברית יהודא פל"ד הערה י"ט נקט דאסור רק מדרבנן.

**והנה** אם ננקוט דאסור רק מדרבנן יש לצדד להקל בניד"ד שהלואה הוא לצורך מצוה (לצורך בנין ביהכנ"ס), שהרי יש כמה פוסקים המתירים ללות רבית דרבנן לצורך מצוה, וביניהם **הרמ"א** (קע"ב ס"א), **שו"ע הרב** (או"ח סי' רמ"ב), **וביאור הגר"א** (ק"ס מ"ג). אך אינו היתר מרווחת שהרי **המשנה ברורה** (רמ"ב סק"ד) מביא בשם הרבה אחרונים להחמיר בזה וכן נקט המשנ"ב שם.

**ו.** בניד"ד יש לצרף שי' **הרשב"א** (הובא בב"י ק"ע בשם תשו' הרמב"ן) דאף במלוה ישראל מותר לישראל להיות ערב קבלן ורק שלוף דוץ אסור והובא בהגהות רעק"א (ס"ב בסוף הג"ה), אך אין להקל על סמך זה בלבד שהרי להלכה לא נפסק כן (עי' סי' ק"ע ס"ב ורמ"א שם).

**תבנא** לדינא, לגבי עצם ההלואה לעמותת הצדקה לכא' מותר אף בקבעו רבית קצוצה כיון שאין כאן לוה.

**אך** לגבי הערבים בני ישראל שקבלו עליהם שעבוד הגוף, אם קבלו עליהם דין ערב סתם (שצריך המלוה לתבוע קודם מהמשכון) בודאי מותר, אך אם קבלו עליהם דין ערב קבלן אז תלוי במציאות הדברים, אם דרך הבנק המלוה הוא לתבוע קודם מהמשכון (הבית) מותר להם להיות ערב קבלן, אך אם הרבה פעמים תובעים קודם מהערב אין כאן היתר מרווחת, (שכדי להקל בזה צריכים לנקוט ב' חידושים א. שערב קבלן על הלואה מישראל ברבית אסור רק מדרבנן. ב. שמותר ללות רבית דרבנן לצורך מצוה, ועל שני החידושים יש הרבה חולקים כנ"ל).

**אחר** כתבי כל זה הלכתי לברר שאלה זה אצל הרבנים החשובים הרה"ג ר' משה יודא ברעטער שליט"א והרה"ג ר' מרדכי גרינפעלד שליט"א, וזהו תמצית דבריהם.

דעת הרב ר׳ משה יודא ברעטער שליט״א

**א.** בנוגע **להשאלה ראשון** אם עצם ההלואה מותר, אין להתיר מכח הטענה שאין כאן לוה, שהרי עמותת ביהכנ״ס אינו הפקר אלא שהוא בבעלות של כל בני הקהילה שמתפללים בביהכנ״ס זו ונמצא שכל בני הקהילה נעשו לווים על הלואה ברבית מישראל. ואף שעמותת ביהכנ״ס הוא חברת בע״מ, **ולדעת האגרו״מ** (יו״ד ח״ב סי׳ ס״ג) מותר להם ללות ברבית מישראל, דכיון דאין שום שעבוד הגוף על הלוה רק שעבוד נכסים לא מיקרי עפ״י תורה בשם לוה עכ״ד, אפ״ה כיון שכל הפוסקים חלקו על האגרו״מ א״א לסמוך עליו אפי׳ בשעת הדחק.

**ב.** אך יש להתיר בדוחק מטעם אחר, דאף הפוסקים שחלקו על האגרו״מ (המנח״י והגרשז״א ועוד) מסכימים שאינו ר״ק רק אב״ר. וא״כ יש לדון להתיר מדין **לוין ברבית לצורך מצוה**, שכך נקטו השו״ע הרב (סי׳ רמ״ב) ועוד פוסקים, שמותר ללות **ברבית דרבנן** לצורך מצוה. אך אינו היתר מרווחת שהרבה פוסקים חולקים וס״ל דאסור ללות לצורך מצוה אפי׳ ברבית דרבנן (עי׳ מ״ב סי׳ רמ״ב).

**ג.** אך אמר דעיקר החשש כאן הוא מצד **חילול השם**, דכיון דהמלוה הוא ישראל והוא יודע שאסור עפ״י תורה ללות ברבית (שהרי ביקשו ממנו לעשות הית״ע והוא לא הסכים) **ואפ״ה** הולכים ולווים ממנו ברבית מפורשת בלי הית״ע, הרי זה חילול השם גדול.

**והנה** אם הי׳ היתר הנ״ל של לוין ברבית לצורך מצוה היתר גם **להמלוה** שמותר להלוות ברבית לצורך מצוה (וכן ס״ל השו״ע הרב בקו״א סי׳ רמ״ב) בודאי אין חשש של חילול השם שהרי מותר לעשות כן עפ״י תורה. אך הפשטות הוא שאינו היתר רק ללוה שהוא צריך ללות לצורך מצוה אך המלוה אין לו היתר שהרי יכול להלוות בלי רבית, וכן מוכח בדברי הט״ז סי׳ ק״ס סקכ״א שההיתר ללות לצורך פיקוח נפש הוא רק ללוה ולא למלוה, וכיון שהמלוה עובר איסור ויודע שהוא עובר איסור הרי זה חילול השם.

**ד.** בנוגע **להשאלה שני** אם מותר לישראל להיות ערב על הלואה זו, יש להקל אף באופן שנקבע שיהי׳ ערב קבלן, דכיון שהמשכון טוב והוא שוה נגד הקרן ונגד הרבית א״כ עיקר סמיכות דעת המלוה הוא על

המשכון[יג], והערב בפועל אינו רק ערב סתם שמותר, ע' ש"ך קס"ט סקמ"ט.

**ה.** אך אם הערבים הם מבני הקהילה שמתפללים בביהכנ"ס זה בודאי אסור ויש בה חשש רבית קצוצה, שכל ההיתר על עצם ההלואה מיוסד על זה שאין ללוה שעבוד הגוף רק שעבוד נכסים (וממילא אינו ר"ק ויש להתיר לצורך מצוה), אך הערבים האלו שהם חלק מהלווים שהרי הביהכנ"ס שייך גם להם, יש עליהם גם שעבוד הגוף (מדין ערב) א"כ סו"ס יש עליהם בין שעבוד הגוף ובין שעבוד נכסים, ובזה ודאי הוי ר"ק. (ואף שהשעבוד נכסים הוא מתורת לוה ושעבוד הגוף מתורת ערב זהו חוכא וטלולא, ומסתכלים על זה שיש להם דין לוה גמור). א.ה. שו"מ שכן מפורש **באגרו"מ** (יו"ד ח"ב סי' ס"ג ד"ה וכן הוא ענין) שאם בעל הנכס הוא ג"כ ערב ואפי' ערב סתם, אסור.

**א"כ** כדי להתיר צריכים ליזהר שכל הערבים לא יהיו מבני קהילה זו.

##### דעת הרב ר' מרדכי גרינפעלד שליט"א

**א.** **בנוגע להשאלה ראשון.** מקודם אמר שקשה מאוד לסמוך על דעת האגרו"מ, ואפי' לנקוט שהוא רק רבית דרבנן צ"ע שהרי מפורש **ברמב"ן** שהוא ר"ק, עי' רעק"א קס"ט ס"ט שהביא דעת הרמב"ן שאם ישראל מלוה לעכו"ם על סמך משכונו של ישראל אחר אסור שהרי הרבית מתרבה על משכונו של ישראל עכ"ד, ואף שאין לבעל המשכון שום שעבוד הגוף רק שעבוד נכסים[יג], ואמר שהוא באמת מח' ראשונים[יד], ולכן קשה לסמוך עליו.

**ב.** אח"כ אמרתי לו שהוא שעת הדחק גדול וחשש הפסד מרובה, על זה אמר שאם הוא שעת הדחק גדול יש לסמוך על דעת האגרו"מ ובפרט שאינו יחיד בזה שגם המהר"ם שיק כתב היתר זו[טו], ובצירוף שהוא הלואה לצורך מצוה ע"כ יש להתיר.

**ג.** וחשש חילול השם אין בזה שכיון שסומכין על האגרו"מ דס"ל שאין

---

**יב.** זה אמר לפי מה שהצעתי לפניו מציאות הדברים, שבירתי שבנק המלוה לעולם תובעים קודם מהבית ורק אח"כ מהערב. (עי' לעיל אות ג' וד').

**יג.** א.ה. עיינתי בדברי הרמב"ן ולא מצאתי שכתב שהוא ר"ק רק שאסור, וצ"ע למה מכוין.

**יד.** א.ה. לכא' כוונתו למח' הרא"ש ובעל העיטור המובא בקס"ט ס"כ אם מותר להלוות על משכונו של ישראל שביד עכו"ם.

**טו.** א.ה. לא מצאתי במהר"ם שיק, אך בשו"ת מהרש"ג (יו"ד סי' ג' וסי' ה') כתב כן להתיר.

כאן שום איסור ואפי' רבית דרבנן ליכא בין ללוה ובין למלוה, א"כ עפ"י תורה מותר לעשות כן ואי"ז חילול השם.

**ד.** בנוגע להשאלה שני ג"כ התיר מטעם הנ"ל (בדברי רמ"י ברעטער אות ד').

**אך** בזה צריכים ליזהר שלא יהיו הערבים מבני הקהילה שמתפללים בביהכנ"ס זו ומטעם שכתבנו לעיל (שם אות ה').

**לשלימות** הענין אעתיק בזה מה שכתב הרה"ג ר' פלטיאל שווארץ שליט"א בשם הרה"ג ר' **מרדכי אייזנער** שליט"א על אודות שאלה זו.

**דיברתי** היום עם ר' מרדכי [אייזנער] בענין זה ולדעתו כל מה שלדעת כמה פוסקים אם אין שעבוד הגוף אלא שיעבוד נכסים אינו אלא

איסור מדרבנן זהו רק אם ליכא ערב דאז לא נדון כהלואה, אבל באופן שיש ערב א"כ הרי יש כאן שעבוד הגוף ממילא מקרי הלואה ויש איסור גם על בעל הנכסים.

**דבריו** הם קצת מחודשים כי לדעתי ההיתר הוא מה שאין כאן שעבוד הגוף של לוה, ומה איכפ"ל שיש שעבוד הגוף של ערב. עכ"ל

**כשדברתי** עם הרב רמ"י ברעטער והרב ר"מ גרינפעלד שליט"א, אמרתי להם טענה זו ושניהם אמרו שאינו נכון, דעיקר סברת המתירים (לאגרו"מ מותר לגמרי, ולשאר הפוסקים עכ"פ מותר מה"ת) הוא משום דלא מיקרי לוה בלי שעבוד הגוף (ולא שעצם ההלואה לא מיקרי בשם הלואה) וא"כ אפי' יש אדם אחר שיש לו שעבוד הגוף על הלוואה זו, אך הלוה העיקר אין לו שם לוה עפ"י דין תורה, (ואדם אחר מותר מפני שהוא ערב סתם ולא לוה).

## הרב דוד ווייס

# האם חייב להוציא ממון עבור הכרזת אבידה בעיתון

**תחילה** נתמקד האם חייב להתבטל ממלאכתו או להוציא ממון עבור עצם ההשבה, כגון באופן שיודע מי הבעלים וא"צ להכריז ורק שיתארך זמן ההשבה ליום שלם ויתבטל ממלאכת אותו היום, שנינו במשנה [ב"מ ל:] שלש דינים: א, היה בטל מסלע, לא יאמר לו תן לי סלע [שבטלתי ממלאכתי, שזה אומר לו אם עשית מלאכתך היית מרבה טורח, עכשיו לפי מה שטרחת טול] אלא נותן לו שכרו כפועל [בגמ' מפ']. ב, אם יש שם בי"ד מתנה בפני בי"ד [אם נוח לו לטרוח יותר כדי להרבות שכר, ואינו חפץ ליבטל ממלאכתו, מה יעשה, אם יש שם ג' בני אדם יתנה בפניהם ויאמר ראו שאני משתכר כך וכך ואי אפשי ליבטל ליטול שכר מועט, אני אשוב אם תאמרו שאטול שכר משלם]. ג, אין שם בי"ד בפני מי יתנה שלו קודם. ע"כ.

**המקור** לדין השלישי שבמשנה 'שלו קודם' מבואר בברייתא בעמוד הקודם [ל.] ת"ר והתעלמת פעמים שאתה מתעלם וכו' 'או שהיתה מלאכה שלו מרובה משל חבירו' [שהיה ביטול מלאכה שלו שיבטל בהשבתה, מרובה על דמי האבידה], ומקשה הגמ' הא מדר"י א"ר נפקא, דאר"י א"ר 'אפס כי לא יהיה בך אביון' [לא תביא עצמך לידי עניות] - שלך קודם לכל אדם, אלא לזקן ואינה לפי כבודו וכו', הרי שמפסוק זה נלמד דאם לא יוכל ליטול כל דמי ביטול מלאכתו משווי האבידה וכגון שהאבידה אינו שוה כ"כ, פטור להשיב דשלך קודם לכל אדם. אבל אם ביטול מלאכתך עולה ט' והאבידה י', תחזיר ותטול ט', וא"ת מה ריוח יש להבעלים מכך, תי' תוס' [ל. ד"ה אם] נ"מ לכושרא דחיותא שהוא כבר רגיל בחיות שלו, עי"ש.

**והגם** שפסוק זה אינו כתוב אצל מצות השבת אבידה, וא"כ מהיכ"ת לפוטרו, והרי קי"ל [ב"ק] חייב אדם להוציא שליש ממונו על מצות עשה וכל ממונו שלא לעבור ל"ת, והשבת אבידה עשה ול"ת היא, וכעי"ז יש להקשות לק' [ל"ג.] שכתוב במשנה אבידתו או ביטול מלאכתו קודמת לאבידת חבירו ואפי' לאבידת אביו או רבו - וכ' הגמ'

המקור לזה מדברי ר"י הנ"ל - שלך קודם לכל אדם שלא תביא עצמך לידי עניות, והרי חייב בכבוד אביו מדאו', עכצ"ל כפי שמבאר בשו"ת מהרש"ג [או"ח ס' י"ח] דכללו של ר' יהודה הוא בכל מצוה שבין אדם לחבירו, שענינו הדאגה להזולת, אז שלך קודם שלא תביא עצמך לידי עניות, וכגון השבת אבידה, בל תלין, כיבוד אב וכו', וע"כ כיבוד אב קי"ל דחייב רק משל אביו, אבל מ"ע דבין אדם למקום עד שליש ממונו.

**ובעת** נחזור לכלל ב' של המשנה 'אם יש שם ב"ד מתנה בפני ב"ד' [ב"ד - שלשה בני אדם ויתנה בפניהם וכו' שאטול שכר משלם] ומשמע דכיון שהברירה בידו שלא יפסיד כלום הרי שוב מחוייב הוא להתנות ולהחזיר ואינו יכול לומר לא אתנה ולא אחזיר, ובפשטות חוזר החיוב דאו' דהגם שבעצם היה פטור מ"מ אחר שתקנו חז"ל לטובת האובד [משום כושרא דחיותא] שיוכל לגבות מן האבידה שכרו משולם, שוב אין כאן הפסד פרוטה ומחיוב מדאו' להחזיר.

**ומש"כ** המשנה כלל א, 'הי' בטל מסלע לא יאמר לו תן לי סלע אלא נותן לו שכרו כפועל בטל' עכצ"ל דמיירי כשלא הי' שם ג' בנ"א והי' פטור לגמרי ואעפ"כ החזיר, דמדאו' אינו יכול לתבוע כלום שהרי מי בקש זאת מידך, אבל מדרבנן יכול לתבוע כפועל בטל [דהיינו שיפחות משכרו שיעור שהוא הי' מוכן להפסיד כדי לעבוד עבודה קלה יותר כמו השבת אבידה] ואם הי' שם ב"ד והחזיר בלי להתנות, אינו תובע אלא כפועל בטל לגמרי [שיכול לפחות משכרו שיעור שהלה מוכן להפסיד כדי שלא לעבוד כלל] אבל זה יכול לתבוע דאנן סהדי דניח"ל לבעלים בהכי - כן מבואר ברא"ש סי' כ"ח.

**ועיין** במשנה [דף כ"ח:] ובברייתא שם דכל דבר שאינו עושה ואוכל ימכר שנאמר והשבותו לו ראה האיך תשיבנו לו שלא יאכיל עגל לעגלים וסייח לסייחים, ועי"ש בפרש"י ומהרש"א ושמ"ק דאע"פ שהאובד ניח"ל שימכור חלק מהאבידה כדי להאכיל החלק הנשאר שרוצה בהמותיו שמכירם כבר, מ"מ אם יגיע לחצי האבידה - עגל לשני עגלים - מוטב שימכור הכל ויחזיר לו מעות. הנה גם כאן במושכל ראשון קשה מהיכ"ת שיקח מהאבידה עצמה להאכיל חלק השני והרי התורה אמרה 'ואספתה אל תוך ביתיך והי' עמך עד דרוש אחיך אותו והשבותו לו' ועד אז הוא מחוייב להאכילה מחיוב שמירה שהטילה

עליו התורה, וע"כ כדברי ר"י שלך קודם וכו' דאינו חייב להפסיד אפי' פרוטה, ובעצם הי' יכול למכור הכל מיד להחליפם במעות שיהי' מונחים אצלו ואדרבה התורה חודשה והשבותו לו שלא יאכיל עגל וכו' דעד חצי האבידה צריך להאכיל מדמי האבידה עצמה משום כושרא דחיותא, ויותר מזה ימכור.

**וחלוק** הך דינא ד'האכלה' מדינא ד'השבה' [שבתחילת דברינו] בתרתי, א' דשם הוא הפסד ממונו וע"כ יש שם ג' הדרגות, משא"כ כאן הוא רק טירחא דגופא וע"כ לא שייך להתנות דע"ז ליכא שום פטור, ב' שם יכול להתנות עד דמי כל האבידה כיון שידו על העליונה דאינו מחויב בכלום וטובת האובד הוא שישאר לכה"פ בחלק מאבידתו, משא"כ כאן מדובר בטרחא דגופא שבזה אדרבה יד האובד על העליונה שחייבה התורה להמוצא לטרוח ולהאכיל עד דמי חצי האבידה משום כושרא דחיותא.

**ועתה** ניחזי אנן לגבי חיוב הכרזה שכתבו הפוסקים [ע' שו"ת חת"ס חו"מ קכ"ב ] דמתקיים בזמנינו ע"י הודעה ב'צייטונג', ופוסקי זמנינו נקטו דא"צ להוציא ממון ע"ז, אבל לבי לא כן ידמה, דהרי זה ממש חלק מחיוב ההשבה שע"ז הי' לנו ג' חלוקות, וא' היה דאם יש שם ב"ד של ג' הדיוטות חייב להתנות שיטול מדמי האבידה כל שכרו וישיב וה"נ יתנה ויכריז, אבל באמת יש לי כאן ג' צדדים בהך דינא, בהקדם מש"כ הגמ' לק' [ל"א:] לגבי הפטור דאין דרכו [כבודו] להחזיר, איבעי"ל דרכו להחזיר בשדה ואין דרכו להחזיר בעיר מהו, תיקו.

**והיינו** דאע"פ שפשוט שיצטרך להכנס לעיר להחזיר האבידה שהרי הבעלים שם, ושם יהי' פטור לגמרי מהפ' והתעלמת, מ"מ יש צד דאין זה פוטרו עתה שכרגע יש עליו חיוב, וחייב ליטלו וכיון שהתחיל נשאר בחיובו כמבואר בגמ' שם, וה"נ יש לעיין אם מצא אבידה כזה שאינו יודע מי בעליו ואין עליו עכשיו חיוב השבה שיבטלו ממלאכתו אלא לאספו לתוך ביתו שבזה ליכא שום הפסד אלא אח"כ יהי' לו הפסד או ביטו"מ להכריז, שמא דומה לחקירת הגמ' הנ"ל ויש צד דכיון שהתחיל שוב אינו נפטר.

**אבל** יש לחלק דשם אינו במציאות חלק ה'עיר' עכשיו, משא"כ כאן מיד בשעת המציאה מתחיל חיוב ההכרזה והפטור של הפסד ממון, ומ"מ חזרנא לדלעיל אם יש שם ב"ד חייב להתנות ולהכריז, ואם אין שם ב"ד ג"כ יש לחקור שהרי לשון

המשנה הוא אם יש שם ב"ד משמע שאחר שהתחיל ההשבה כבר אינו יכול להתנות, א"כ כאן מהו דאפש"ל שהוא ג"כ כזה ואם בשעת מציאה ליכא ג' בנ"א פטור, אבל י"ל דכיון שבמציאות חלק ההכרזה יתחיל מאוחר יותר עדיין יכול להתנות עד תחילת ההכרזה וא"כ כיון שעדיין הברירה בידו להתנות מחוייב הוא ליטלו עכשיו אפי' אין שום אדם כאן, וקודם תחילת ההכרזה ימצא ג' בנ"א ויתנה.

**תמצית** הדבר: אם בשעת מציאה יש שם ג' בנ"א בודאי מחויב להתנות ולהגביהו ולשלם ממון ולהכריז, רק דלהצד שזה דומה לחקירת הגמ' הנ"ל שנשאר בתיקו, לכאו' לא יוכל לתבוע הממון בחזרה מבעל האבידה, ואם אין שם ג' בנ"א בשעת המציאה, אם דומה לגמ' הנ"ל עדיין מחויב להגביהו לשלם ולהכריז, ואם לאו יש צד שעדיין מחוייב ליטלו ואח"כ ימצא ג' בנ"א ויתנה וישלם ויכריז, ויש צד שהוא פטור להגביה, [וזהו לימוד זכות על מה דנהוג עלמא האידנא לראות אבידות ולהתעלם, כיון דרוב פעמים אין שם ג' בנ"א בשעת המציאה סמוך לו, וממילא אינו יכול להתנות, והרי ההכרזה עולה ממון בזמנינו ע"פ רוב, ע"כ פטור] ואם הגביה בלי להתנות בפשטות שוב אינו יכול לתבוע בחזרה יותר מפועל בטל, לבד אם נאמר שכל זמן שעדיין לא התחיל ההכרזה עדיין יכול להתנות.

## הרב בן ציון יהודה לייב ווייס

**עומדים** אנו ימים ספורים לפני יום חתונתו ויום שמחת לבו של אחינו היקר הבה"ח המופלג 'שלום אליעזר' ני"ו וכולנו מתפללים לשלומ"ו שיזכה בע"ה לבנות ביחד עם הכלה החשובה תחי' 'בית' נאמן בישראל ולראות דורות ישרים ומבורכים 'בנין עדי עד'.

**גם** הינו הוא היא"צ של זקנותינו הצדקנית הלא נשכחת מרת מחלה חיה ע"ה בת ר' מרדכי יעקב זצ"ל שהיתה עקרת ה'בית' והיתה דוגמא ל'אשה יראת ה' היא תתהלל' והיתה ידועה בחכמתה 'חכמת נשים בנתה 'ביתה'.

**ע"כ** חשבתי לכתוב ד"ת בענין שקשור ל'בית' ונלמד מ'וכתבתם על מזוזות 'ביתך' ויהא זה לעילוי נשמתה בגן עדן.

## בענין בית קבוע לחיוב מזוזה

**בגמ'** יומא י' ע"א "סוכת החג בחג ר"י מחייב (במזוזה) וחכמים פוטרין ובהמשך הגמ' מבואר דטעמא דחכמים משום דסברי דסוכה דירת עראי בעינן ומש"ה פטור ממזוזה דלא נחשב ל'בית' שחייבה התורה במזוזה, ור"י לטעמיה דסוכה דירת קבע בעינן ומש"ה מחוייב במזוזה, ולהלכה נקטינן כחכמים דפטור.

**ומבואר** מזה דכדי שיתחייב במזוזה צריך שיהא הבית קבוע.

ויש לברר מהו הגדר 'קבוע' וגם מה הדין בבית שער הפתוח לבית האם ג"כ צריך 'קבוע'.

**בשו"ת** מנח"י (ח"ב סי' פ"ב) מבאר דאין לומר דמה שפטרו 'סוכת החג בחג' הוא משום שבנינו אינה קבוע דהא אף שקימ"ל שסוכה דירת ארעי בעינן מ"מ הרי יוצא גם אם עשאו קבע וכדמבואר בגמ' סוכה (דף ב'), אלא גדר 'קבוע' הוא שיהא נעשה בשביל 'דירת קבע' וסוכה נחשב דירת עראי וכדמבואר בתוס' שם (ד"ה וכי תימא) 'דבקל יכול להיות שיוצא ממנה כגון מצטער או ירדו גשמים', ומש"ה פטור דלא נחשב ל'בית'.

**וכן** מפורש ברמב"ם בפ"ו מהלכות תפילין ומזוזה ה"ט וז"ל 'סוכת החג בחג ובית שבספינה פטורין מן המזוזה לפי שאינן עשויין לדירת קבע' עכ"ל.

**ונשאר** לנו לברר האם יש דין קביעות גבי בית שער הפתוח לבית,

**והנה** שם ברמב"ם יש עוד דין וז"ל 'שתי סוכות של יוצרין זו לפנים מזו החיצונה פטורה מן המזוזה מפני שאינה קבועה' ומקור של זה הוא מהגמ' סוכה דף ח' ע"ב 'א"ר לוי משום ר"מ שתי סוכות של יוצרים (פי' רש"י כך היה דרך של יוצרי כלי חרס בימיהן עושין להם שתי סוכות זו לפנים מזו בפנימית הוא דר ומצניע קדירותיו ובחיצונה עושה מלאכתו וכו') הפנימית חייבת במזוזה (משום דכל דירתו בה) והחיצונה פטורה (דלאו דירה היא שאינה עשויה אלא לצאת ולבוא דרך שם ולהכניס שם תגרים) ומק' הגמ' ותיהוי חיצונה כבית שער הפנימית ותתחייב במזוזה (לדעת רש"י מדרבנן ולדעת הרי"ף מדאורייתא) ומשני משום דלא קביע.

**ומבואר** שם שבית שער צריך להיות 'קבוע' כדי שיתחייב במזוזה, ובוודאי א"א לומר דהכוונה כנ"ל שיהא דירת קבע דהא כל בית שער אינו לדירה וא"כ מהו הגדר 'קבוע' לגבי בית שער?

**ובפשטות** היה נראה לומר דהגם שהקדמנו דלגבי בית דירה אין חסרון במה שאין בנינו קבוע מ"מ בבית שער שאני והטעם מפני שאם אינו קבוע בבנינו אין לו שום דמיון לבית שחייבה התורה במזוזה כיון שגם אינו דר שם משא"כ בבית דירה אף שאינו דומה לגמרי לבית שהוא בדרך כלל גם קבוע בבנינו מ"מ כיון שהוא דר שם באופן קבוע נחשב 'בית', וא"כ י"ל דמ"ש בגמ' וברמב"ם גבי בית שער 'שאינה קבועה' הכוונה שאין בנינו קבוע.

**ולפי"ז** בסוכה שהוא בית שער לבית יפטר ממזוזה כיון דאין הסוכה קבוע בבנינו, וכן באמת מבואר בכס"מ על הרמב"ם שם וז"ל 'אין לחייבה אפי' מטעם בית שער דה"ל כסוכה שהיא בית שער לבית דלא מחייבא כ"נ לי' עכ"ל.

**אבל** רש"י לומד אחרת וז"ל 'לא זו ולא זו דבר קבוע ואין הפנימית חשובה להיות לה בית שער' ומבואר שס"ל שעיקר הפטור הוא משום גריעותא דסוכה הפנימית דכיון דאין בנינו קבוע נהי דהיא בעצמו חייבת במזוזה מ"מ לא חשובה להיות לה בית שער ולפי"ז בסוכה שהוא בית שער לבית בוודאי מחוייב במזוזה דהא אין שום גריעותא בבית.

**וז"ל** הפרמ"ג בהלכות סוכה (סי' תרמ"ג ס"ק ד') "ואם הולך מסוכה לחדרו בענין שפתח הוא מחדר

הסוכה י"ל שחייב בפתח בסוכה הפתוח לרה"ר וכדומה, דהוי כבית שער ול"ד לסוכת היוצרים עי' יו"ד סי' רפ"ו ס"ק כ"ב בש"ך" וכוונתו למ"ש בש"ך לבאר מה שנפסק בשו"ע דסוכות היוצרין החיצונה פטורה "ול"ד לבית שער דלעיל דקבוע תשמישו משא"כ הכא"[טז] ועפי"ז כתב הפרמ"ג דסוכה שפתוח לבית חייב דהא כיון שאוכלים וישנים שם הו"ל תשמישו קבוע.

**והנה** בוודאי כוונת הש"ך הוא לבאר שי' הרמב"ם דהא ברש"י מפורש טעם אחר, והיינו דלמד דמ"ש הרמב"ם 'מפני שאינה קבועה' אין כוונתו דאין בנינו קבוע אלא הכוונה דאין לו 'תשמיש קבוע'.

**היוצא** מכל הנ"ל, דלגבי 'בית דירה' צריך שיהא 'דירת קבע' ולא איכפת לנו אם קבוע בבנינו או לא. ולגבי 'בית שער' הפתוח לבית, לדעת רש"י צריך שיהא הבית בפנים קבוע בבנינו, ובדעת הרמב"ם נחלקו הכס"מ והש"ך, דהכס"מ ס"ל דצ"ל קבוע בבנינו והש"ך ס"ל דצ"ל 'קבוע בתשמישו'.

**ומענין** לענין באותו ענין ראיתי לנכון לסכם מה שיוצא לדינא בענין זה מתשו' מנח"י הנ"ל.

**א.** אם דר באופן קבוע במקום שנעשה בשביל דירת עראי. פטור ממזוזה וראיה מהא שכתב הברכ"י לפטור בית האסורים אף שיושבים שם מ' יום ולפעמים שני חודשים משום שעיקרו לדירת עראי והו"ל כבית שבספינה ודכוותייהו שפטורים, מוכח שגם אם דר למשך חודשיים בספינה פטור כיון שלא נעשה בשביל דירת קבע.

**ב.** תושבי א"י הדרים עכשיו באופן עראי בבתים אחרים או במלונות מחמת מצב המלחמה. מביא תשו' זכור לאברהם אביגדור שמסתפק על מה שבזמן המגיפה היה דרים בכפר בבית הגוי ובכל יום מייחלים לחסדי השי"ת שיהיה באפשרם לחזור לבתיהם אם חייבים לקבוע מזוזה כדין שוכר בית או לא, ולדינא כתב הברכ"י בשם הרב חזון נחום דיקבע מזוזה ולא יברך, וא"כ ה"ה לענינינו.

**ג.** בית נופש. רוב בתי נופש השכיחים נראה שבוודאי

---

**טז.** וגוף דבריו צ"ב דהלא הש"ך פי' לעיל דבית שער הוא בית קטן לפני שער החצר והכל עושין אותו קפנדריא וא"כ במאי עדיף מסוכת היוצרין שהיה עושה שם מלאכתו ומוציא קדירותיו למכור כדפי' רש"י וצ"ע.

מחויבים כיון דתכליתם הוא לנפוש נחשב לקביעות, אבל בתי נופש המיועדים לאלה שעוזבים בתיהם רק מחמת האויר וכדומה (כגון בקאנטר"י) תלוי במח' דדעת שו"ת תרשיש שהם לדמותו לדין הנ"ל 'דמה לי בורח מחמת שדבר בעיר או בורח מחמת שקשה לו האויר' אולם השדי חמד חולק עליו וס"ל דא"א לדמותם "דדוקא אלו הבורחים מחמת שדבר בעיר חשוב דירת עראי כיון שאין להם שום חפץ ורצון בהדירה שבכפר לולא האונס הזה ובכל יום מקווה לישועת ה' שיוכל לשוב לביתו משא"כ אותם ההולכים לכפר מפני צחות האויר הם יושבים שם לבטח ברצונם הטוב ובכל יום כי יעבור קשה עליהם פרידתם בזה י"ל דחשוב דירת קבע" ולדינא מסיק השד"ח דכיון שהברכות אינן מעכבות נכון לקבוע בלא ברכה.

**ד.** הדר בדירה שלא מתאים לו כגון שהוא מדי קטן למשפחתו (או שיש רעש מעבודות בחוץ....) ולא יכול לעזוב מחמת איזה סיבה. מביא סברא מזיידי ז"ל דלפי הנ"ל באות ב' י"ל דהדרים ב'קארוואן' משום שאין ידם משגת לקנות בית רגילה ואם היו יכולים היו עוזבים תיכף ומיד דיפטרו ממזוזה דהו"ל דירת עראי וכמו הבורחים מחמת דבר או מלחמה, וע"ז כתב המנח"י ש'הגם שדבר חכמה אמר בני ני"ו ואם חכם בני ישמח לבי גם אני' מ"מ קשה לומר כן דא"כ כל מי שדר בבית קטן ואין ידו משגת לקנות בית שמתאים למשפחתו יפטר ממזוזה ודבר זה לא מסתבר דהרי נעשה בשביל דירת קבע לאנשים אחרים (רק שדן שם אם 'קארוואן' נחשב שנעשה בשביל דירת קבע), וצריכים לומר דכל מה שדנו הפוסקים הנ"ל בדבר או מלחמה הוא בדירה שלא נעשה לדירת קבע לשום אדם" דאם נעשה בשביל דירת קבע אז גם אם הוא דר שם רק מחמת אונס ורוצה לעזוב הו"ל כפונדק וחייב במזוזה.

**ויה"ר** מלפני אבינו שבשמים שנזכה כבר ל'דירת קבע' אמיתי בבנין ביהמ"ק השלישי בב"א

---

יז. אלא שקצת דחוק לומר דבזה איירי הפוסקים דבפשטות משמע ששכרו בתים רגילים, ונראה שמה שהכריחו לומר כן הוא משום דס"ל כרוב הפוסקים דתלוי אם 'נעשה' בשביל דירת קבע אבל דעת הפרמ"ג (שם) שמי שיש לו סוכה שהוא חלק מהבית ובסוכות נוטלים התקרה ומשימים סכך שפטור ממזוזה בחג, ואף שחדר הזה 'נעשה' בשביל דירת קבע נראה שדעתו שדנים כל יום בפנ"ע ולפי דבריו י"ל בפשיטות דאף שבתים האלו נעשו בשביל דירת קבע לאנשים אחרים מ"מ עכשיו הרי הוא מיועדים לדירת עראי.

## הרב אליעזר שטערנבוך

### בדין צרת אילונית לענין יבום

**בריש** פ"ק דיבמות איתא דצרת ערוה פטורה מיבום וחליצה. ובדף יב. נחלקו רב אסי ורבא בדינא דצרת אילונית, [דאיילנות בעצמה פטורה מיבום מילפותא דקרא והיה הבכור אשר תלד פרט לאיילנות, והמחלוקת הוא לגבי צרתה] רב אסי אמר דצרתה אסורה שנאמר והיה הבכור אשר תלד וכו', ורש"י (ד"ה שנאמר) כתב לפרש דכיון דפטורה קיימא עליה באש"א וצרתה צרת ערוה דאש"א, ורבא חולק וסובר דצרתה מותרת.

רש"י ותוס' בדעת רבא דלאו במקום מצוה היא

**ועי'** תוס' לעיל בדף ח. (ד"ה תרי) שביארו שיטת רבא וז"ל: "דכיון דאילונית לאו בת יבום היא בשום מקום חשיבא צרתה כצרת ערוה שלא במקום מצוה" עכ"ל, והיינו דלא סגי במה שהיו הצרות ביחד בבית אחד אלא הן צריכין להיות ביחד במקום מצוה, וכיון דאילונית אינה נופלת ליבום בשום מקום א"כ היא אינה עומדת במקום מצוה כלל ונמצא דצרתה לאו צרה היא לענין יבום.

**ובעי"ז** מבואר ברש"י (יב: ד"ה הלכתא) בשם הבה"ג, אבל בטעם הדבר דהוי שלא במקום מצוה יש לכאורה חילוק ביניהם, דבתוס' ביארו כיון דאילונית לאו בת יבום היא בשום מקום כנ"ל, אך ברש"י כתב בזה"ל, "והא כיון דאילונית היא, דבלאו ערוה נמי לא חזיא ליבום, הוי צרתה צרת ערוה שלא במקום מצוה", ע"כ. פי' דצרת ערוה היא דוקא היכא שהערוה גופה הוה הסיבה לאי עשיית היבום, אבל באילונית דגם בלי הערוה לא חזיא ליבום הוה צרתה צר"ע שלא במקום מצוה.

**ועי'** בגנזי הגר"ח (סי' יג) דמביא נפ"מ בין טעמי רש"י ותוס', כלפי קושיית התוס' לעיל בדף י. דליחשוב במתני' אשת ב' מתים דפוטרת צרתה [אי הוי דאורייתא] (פי' דבמתני' מונה רשימה של עריות הפוטרין צרותיהן ולכן מקשת תוס' למה לא מונה גם צרת אשת ב' מתים), וצ"ב לכאורה מה קושייתם דהלא פטור אשת ב' מתים אין בה איסור ערוה ליבום והיא רק ממועטת מפרשת יבום מגזיה"כ והוי דומיא דאילונית, ולפי"ז הרי אינה פוטרת צרתה, דהלא קי"ל כרבא דצרת אילונית מותרת.

**ולזה** ביאר הגר"ח דתוס' לשיטתייהו לק"מ, דהלא הם ביארו הטעם

דצרת אילונית מותרת משום דהאילונית אינה בת יבום בשום מקום וע״כ לא שייך זאת באשת ב׳ מתים, דהא בבית אחר ודאי ראויה היא ליבום, משא״כ לשיטת רש״י שפיר נוכל לדמות לאילונית, כיון דגם הכא בלאו ערוה נמי לא חזיא ליבום וא״כ לדרכו של רש״י אכן לא קשה קושיית התוס׳, ע״כ תוכן דברי הגר״ח.

### דברי הרמב״ן

**והנה** דברי רש״י דבלא ערוה נמי לא חזיא ליבום קאי בצרת בתו אילונית (פי׳ דהיינו חוץ מהפטור ערוה דבתו יש לה גם פטור דאיילנות), ואולי יש מזה משמעות דלצרת איילונית סתם דאינו בתה יש טעם אחר, ובאמת מצאנו טעם אחר בדברי הרמב״ן בסוגיין וז״ל: ״הא דאמרינן צרת אילונית מותרת, מצינו בירושלמי ששאלו טעמו של דבר וכך אמרו שם, ר׳ בון בר׳ חייא אמר ר׳ אבא בר ממל בעי איילונית ואשת אחיו שלא היה בעולמו היו בפרשה מה חמית מימר אילונית צרתה מותרת ואשת אחיו שלא היה בעולמו צרתה אסורה, א״ל אילונית מטעם אחר הוצאתה אשר תלד יצתה זו שאינה יולדת לא דייך שאינה מתייבמת אלא שאתה מבקש לאסור צרתה, אבל אשת אחיו שלא היה בעולמו ערוה היא וערוה פוטרת צרתה, פי׳ אילונית כיון שלא פטרה הכתוב אלא לפי שאינה ראויה להתייבם היאך נאסור צרתה והלא אף היא אם היתה ראויה לילד כצרתה מתייבמת, אבל אשת אחיו שלא היה בעולמו הכתוב עשאה עליו ערוה אף על פי שראויה להתייבם״, ע״כ.

**ובברכת** שמואל (סי׳ ה׳) מסביר תי׳ זו של הירושלמי ע״פ יסודו הידוע של הגר״ח דאש״א זו אין לה דין ערוה לפטור צרתה כיון דהוה רק אש״א דממילא, דדוקא היכא דאסורה ליבום משום ערוה כגון באחד משאר עריות או אפילו באש״א כגון אש״א מאמו וכמו כן היכא דהתורה הטילה עליו פטור מיוחד כדוגמת אש״א שלהי״ב דהתורה אסר אשת אח זו ליבום, כל זה מקרי איסור ערוה ליבום ופוטרת צרתה, אבל היכא דאין פטור מיוחד של ערוה ליבום כגון הכא באילונית דפטורה רק משום שאינה ראויה ליבום, אע״ג דיש כרת על אש״א זו מ״מ הוה רק אש״א דממילא ולא מקרי ערוה ליבום ואינה פוטרת צרתה.

**והנה** הגרב״ד לא נחת לפרש גדר הדברים מתי הוה פטור מיוחד וערוה ומתי לא, דהלא שניהם נתמעטו מפרשת יבום ומה שונה המיעוט ד״כי ישבו אחים יחדו״ דהוה פטור מיוחד וערוה מהמיעוט

ד"אשר תלד" דהוה רק אש"א דממילא, ולכאורה הביאור הוא דהא דהתורה ממעט אילונית הוא משום דלא חזיא ליבום והיינו דהלא כל המטרה דמצוות יבום הוא להקים לאחיו שם, ולכן באילונית דא"א להגיע למטרה זו פטרתו התורה ואז האיסור אש"א הוה רק ממילא, כיון שאין סיבת הפטור מחמת האשת אח דידה בכלל, ואדרבה אילו מצד הערוה דאשת אח לחוד הייתי אומר שתתייבם שפיר, ורק משום דחסר אצלה עיקר תנאי היבום ממילא דפטורה והוי אשת אח שלא במקום מצוה כנ"ל בשם רש"י, [וכן מעוברת דמתנגד להקרא דבן אין לו ודרשינן עיין עליו דהוי נמי מעיקר תנאי המצוה דיש לו בנים הוה נמי שפיר אש"א דממילא], אבל אש"א שלהי"ב דלא חסר אצלה שום תנאי במהות פרשת יבום דהא באמת ראויה היא ליבום, ואפי"ה בא התורה ופטרתו, זה כבר נקרא פטור מיוחד על האשת אח דידה, והאש"א נעשית שפיר ערוה ליבום.

**ולפי** הדברים האלה לא בעינן למימר דרב אסי [שאוסר צרת אילונית] חולק על כל היסוד דאש"א דממילא, די"ל דבחי"ל ועשה שפיר מודה דהוה רק אש"א דממילא ולא שייך להקשות למה אינן פוטרות צרותיהן, כיון דשם הוה ממש איסור צדדי שאין לו שום קשר עם פרשת יבום, אבל באילונית דהמיעוט הוה מתוך פרשת יבום עצמו זה לא מיקרי דבר צדדי והאש"א הוה שפיר ערוה ליבום, ופליג רק על טעמא דירושלמי דאילונית מטעם אחר הוצאתה, ובאמת חילוק זו בין אילונית לחייבי עשה כבר מבואר בתוס' דף ח. (סוד"ה תרי איסורי) וז"ל: "ולא דמיא אילונית לחייבי עשה דילפינן בפ"ב לחליצה, דאילונית מיעטה הכתוב בהדיא דלא הויא בכלל היתר אש"א", ע"כ.

### המשך דברי הרמב"ן - אילונית כמי שאינה

**נמצא** דעד כאן ראינו הטעם דצרת אילונית מותרת משום דבאש"א שלה אין כח לפטור צרתה, אבל הרמב"ן ממשיך וז"ל, "ואין הטעם הזה מספיק לצרת בתו אילונית, אלא שאמרו שם בירושלמי בסוף השמועה אלו בתו מן הנשואין בלא אילונית צרתה אסורה מפני שנתוסף לה אילונית צרתה מותרת, א"ל אילונית כמי שאינה בעולם, אלו שתי יבמות אחת אילונית ואחת שאינה אילונית ובא היבם וחלץ לה ובא עליה שמא פטר בחברתה כלום הוי אילונית כמי שאינה, פי' כיון שאם בא על אילונית או חלץ לה אין צרתה פטורה אף על פי שאין איילונית עליו ערוה נמצא שאין עליה

זיקה כלל, וכיון שכן הויא לה צרתה צרת ערוה שלא במקום מצוה, כדברי רש״י ז״ל בשם בעל הלכות ז״ל״, וכו׳, עכ״ל הרמב״ן.

### אם אכתי צריכים לטעמא דמטעם אחר הוצאתה

**והנה** אחר ביאור זו דאילונית אינה במקום מצוה, לכאורה לא בעינן יותר טעם הקדום דמטעם אחר הוצאתה, וכן נקט הגרב״ד בפשיטות (עי׳ ברכ״ש שם), וכן משמע מהרשב״א והמאירי דמביאין רק המסקנא דירושלמי.

**לעומת** זאת לכאורה מבואר בכמה ראשונים דבצרת אילונית סתם מפרשינן מטעם אחר, דעי׳ בריטב״א לקמן דף כ. על דברי הגמ׳ שם דמתני׳ אתי למעוטי צרת אילונית ודלא כרב אסי, וז״ל: ״ולאידך לישנא למעוטי צרת איילונית, וכו׳, דכל שאיסורה איסור ערוה כעריות של ט״ו נשים שאינם מחמת אשת אח [דלא חזיא ליבום], חשבינן ערוה גמורה לה ולצרתה דדמיא לאחות אשה דכתיב בה לצרור, אבל כשהאיסור ערוה שיש בה אינו אלא משום אשת אח דלא חזיא לייבום לא חשיב ערוה לעשות צרתה כמותה, ואתא למעוטי צרת איילונית שהיא מותרת ולא חשבינן לה צרת ערוה״ עכ״ל.

**דהיינו** שבא לפרש עצם לשון המשנה שם ״כל שאיסורו איסור ערוה״ כלומר דוקא אם סיבת המיעוט הוא מחמת איסור ערוה יש בה דין לפטור צרתה, אבל אילונית אינה כן שאין איסורה מחמת איסור ערוה אלא מטעם אחר הוצאתה משום דלא חזיא ליבום, והיינו על דרך דברי הרמב״ן לגבי צרת אילונית סתם, והרי למאי דאתי למעוטי דלא כרב אסי נכלל בזה נמי צרת בתו אילונית דמותרת והכי קי״ל כרבא דאפילו צרת בתו אילונית מותרת, וא״כ מאחר ובלא״ה צריכים לטעם דאילונית כמי שאינה לגבי בתו אילונית א״כ למה נקט התנא לפרש דטעם צרת אילונית מותרת משום שאין איסורה איסור ערוה והיינו דמטעם אחר הוצאתה, אלא מוכח מתוך דברי הריטב״א [ולפי דבריו מבואר הכי במתני׳ דלקמן] דאפילו לאחר דשמענו טעם דאילונית כמי שאינה, אכתי צריכים לטעם הראשון של הירושלמי דאילונית מטעם אחר הוצאתה לענין צרת אילונית סתם.

### רש״י לקמן דף צא:

**ומו״ר** הגר״א אריאלי שליט״א הוכיח כדרך זה מרש״י לקמן בדף צא:, דבגמ׳ שם הביא המשנה בגיטין ״הכונס את יבמתו והלכה צרתה ונשאת ונמצאת זו

אילונית תצא מזה ומזה וכל הדרכים האלו בה", ופירש"י (בד"ה והלכה), "כדאמר בפ"ק פרט לאילונית שאינה יולדת", ומדייק רעק"א וכן נמי בהגהות ר' שמחה מדעסויא דזה משמע כשיטת רבא דאפילו בהכיר בה צרתה מותרת מקרא דאשר תלד, אבל אח"כ מביא הגמ' הקטע הבא מהמשנה בגיטין "כל עריות שאמרו פוטרות צרותיהן הלכו צרות ונישאו ונמצאו אלו אילונית תצא מזה ומזה וכל הדרכים האלו בה", וכאן פי' רש"י (בד"ה הלכו) "דערוה אילונית אינה פוטרת צרתה דאילונית מקח טעות הוא ולאו אשתו היא ואין זו צרת ערוה", ומדייקים הגאונים הנ"ל דכאן משמע מרש"י כשיטת רב אסי דרק בלא הכיר בה צרתה מותרת ומשום מקח טעות, דהא לרבא אפילו הכיר בה הדין כן ולא בעינן לטעם דמקח טעות אלא משום מיעוט הקרא דאשר תלד, ומסיים רעק"א "ואם כן שני דיבורי רש"י בשני דבורים סמוכים סותרים אהדדי".

**ולכאורה** צ"ל דרש"י סובר דיש שיטה אמצעית דרק צרת אילונית מותרת ולא צרת בתו אילונית, ואולי זה שיטת רבין אמר ר' יוחנן דמזכיר רק צרת אילונית דמותרת, ולכן לגבי אילונית סתם פירש"י כשיטת רבא דאילונית אינה אוסרת צרתה אפילו בהכיר בה, אך בבתו אילונית סבר האך מ"ד דלא סגי בטעמא דרבא להתיר צרתה, ולכן ע"כ אתינן לטעמא דרב אסי משום מקח טעות והיינו דוקא בלא הכיר בה, והנה אם טעמיה דרבא היינו משום דאילונית כמי שאינה, וטעם זה מספיק גם לבתו אילונית, א"כ למה הוכרח רש"י לפרש לגבי בתו אילונית משום מקח טעות, אלא ע"כ דטעם אילונית סתם לחוד וטעם בתו אילונית לחוד, והך מ"ד נקט טעמא דאילונית סתם משום מטעם אחר הוצאתה ולא נקט הטעם דלגבי בתו אילונית, וממילא לגבי בתו אילונית דאכן הוי ערוה ליבום דלא סגי בטעמא דמטעם אחר הוצאתה הוכרח רש"י לפרש משום מקח טעות, ולפי זה עכ"פ ברור דצרת אילונית וצרת בתו אילונית לא הוי מאותו טעם.

בדברי הרמב"ם

**והנה** ברמב"ם נמי מבואר דלאו מטעם אחד הוא, דעי' בפ"ו מיבום וחליצה ה"כ וז"ל "וכן שתי יבמות הבאות מבית אחד שהיתה האחת מהן שנייה על היבם או מחייבי לאוין או מחייבי עשה או אילונית הרי צרתה מותרת וחולצת או מתייבמת", ואח"כ בהל' כא "שתי יבמות הבאות מבית אחד שהאחת מהן ערוה על היבם והרי הערוה

אילונית, צרתה מותרת וחולצת או מתייבמת, הואיל והאילונית אינה בת יבום הרי זה כמי שאינה ונפלה זיקתו על צרתה בלבד", ומדמחלקו הרמב"ם לשתי הלכות נפרדות משמע ברור דסתם צרת אילונית הוה מטעם אחר ולא משום שלא במקום מצוה.

**ולפי"ז** מיושב היטב מה שהרמב"ם מדמה בהלכה כ' בין אילונית דנתמעטה לגמרי מיבום לחייבי עשה ולאוין ושנייה דבודאי לא נתמעטו מפרשת יבום, [ועי' באחיעזר ח"ג סי' ע' דמיישב קושיא זו], דאם הרמב"ם לומד לגבי אילונית סתם כפשט הראשון דירושלמי דמטעם אחר הוצאתה וכמו שביאר הגרב"ד דהוה אש"א דממילא א"כ נמצא דצרת אילונית הוה ממש דומה לצרת חי"ל ועשה, דכמו בחי"ע לא נפטרין הצרות משום דהוה רק אש"א דממילא ה"נ בצרת אילונית סתם מותרת משום דהוה אש"א דממילא, ולפי שיטות אלו [דאילונית ובתו אילונית לאו מטעם אחד הוא] נמצא דיש כאן ב' נידונים, בצרת אילונית הוה הנידון אם האש"א הוי ממילא או לא, ובצרת בתו אילנית הוה הנידון אם הערוה הוה במקום מצוה או לא.

## הבה"ח חיים ווייס

# בפלוגתא דאבא שאול ורבנן בהכונס את יבמתו לשם נוי

**בגמ'** יבמות לט: תניא אבא שאול אומר הכונס את יבמתו לשם נוי ולשום אישות ולשום דבר אחר כאילו פוגע בערוה וקרוב אני בעיני להיות הולד ממזר, וחכ"א 'יבמה יבא עליה' מכל מקום, ובגמ' מפרש דאב"ש יליף מדכתיב 'יבמה יבא עליה ויבמה לשם מצוה.

**הראשונים** נחלקו בדעת אבא שאול דתנן במתני' פרק הבא על יבמתו נג: הבא על יבמתו בין בשוגג בין במזיד [לשם זנות - רש"י] בין באונס בין ברצון וכו' קנה

**ונחלקו** הראשונים אם זה אזיל אליבא דאב"ש או לא, הרמב"ן כאן כתב דמשמע דלשיטת אב"ש הבא על יבמתו אנוס ומזיד לא קנה, דהא דריש 'יבמה יבא עליה' למצוה, ובהבא על יבמתו דריש ויבמה בעל כרחה, והאיך אפשר שיהא כפוגע בערוה והולד ממזר ורחמנא רביי' לקני', אלא ודאי דלא כאב"ש, ומכח זה פסק כסתם מתני' כרבנן, ומבואר מדבריו דלאב"ש יש איסור דאורייתא של אשת אח במכוין לשם נוי.

**מאידך** הריטב"א (נג:) והנימוק"י שם כתבו דאב"ש מדרבנן ולכתחילה קאמר, ומדאו' מותר אפי' במכוין להדיא לשם זנות, ולכן בדיעבד ודאי קנה והמשנה שם דקנה לכו"ע. ולשיטתם א"ש לשון אב"ש 'כאילו פוגע בערוה וקרוב אני בעיני וכו', שאין זה דין דאו', וכדפי' הבית מאיר (קס"ה א'). והא דילפי אב"ש ורבנן מקראי פי' הב"מ שם דהוא אסמכתא בעלמא. אך הקר"א כתב בדעת הנימוק"י דבעצם הדין דבעינן כונה למצוה הוא מדאו' ולא הוי אסמכתא בעלמא, רק הא דקאמר אב"ש דהוי כאילו פוגע בערוה ולא קנה, הוא מדרבנן. והוקשו האחרונים עליו בהא הנימוק"י בעצמו כתב בהדיא דהוי בין דרבנן ולכתחילה ולא דאו' לכתחילה.

**וכן** מוכח מדעת השו"ע שהביא ב' דעות אי קי"ל כאב"ש וכרבנן, ומאידך פסק דהבא על יבמתו בין בשוגג בין לשם זנות קנה, ולא הביא דעת הסוברים דהל' כאב"ש, מוכח דמוסכם לכו"ע וכדעת הריטב"א ונימוק"י, וב"פ הב"ש שם (קע"ד ג). אך הב"ש הוסיף די"ל דאף אם שיטת

אב"ש דמדאו' אסור לייבם מ"מ אם בעל קנה, ודלא כשיטת הרמב"ן שטען דא"א שיהא פוגע בערוה וקונה, ובשי' ר' שמואל (אות תע"ג) ביאר סברתו דבאמת גם הרמב"ן מודה דהאי אשת אח ל"ה ערוה ליבום דהא מותר ליבם וכן תפיסת קידושין תלוי בערוה ליבום ולכן תפסי קידושין, רק שיטת הרמב"ן דכיון דיש איסור וכרת דאשת אח לכן בדיעבד קנה, והב"ש סבר דאף דיש איסורא אולם בדיעבד קנה.

**נמצא** שישנם ג' שיטות בדעת אב"ש, א' - הרמב"ן דהוי מדאו' ובדיעבד ע"ק, ב' - הריטב"א ונימוק"י דהוי מדרבנן ובדעבד קנה, ג' - הב"ש דהוי מדאו' ובדיעבד קנה.

**ובדברי** אבא שאול נמצא ב' חידושים, א' דבעינן שייבם לשם מצות יבום ולא לשם זנות ונפק"מ לקיום המצוה וקנין היבמה, ב' דהמיבם לשם זנות עובר באא"ח.

**ובדעת** רבנן מוכח דפליגי על חי' הא' דהמיבם לשם זנות קיים את המצוה וקנה היבמה, אך יש לברר אם פליגי על חי' הב' דייבם שאינו מקיים המצוה עובר באיסור אא"ח.

**לכאו'** מוכרח דפליגי רבנן גם בחי' הב' דהא מבואר דקטן הבא על יבמה גדולה תגדלנו (דף קיא.) ואינו עובר באיור אא"ח. ולשי' התוס' קידושין יט. קטן אינו קונה ואינו מקיים המצוה דיבום. וכן ביאת מעוברת לר"ל דל"ש ביאה כתבו התוס' לה: דפטור מחטאת כיון דדומה לתגדלנו דקטן, ולכאו' מדלא כתבו התוס' דזהו דוקא לרבנן אבל לאב"ש עובר באיסור אא"ח והתוס' בעצם פסקו כאב"ש נראה דגם אב"ש מודה בזה. אך הקוב"ע (לו א) ואמרי משה (ה כ) חידשו דלשיטת אב"ש יבם קטן ובמעוברת עובר באיסור אא"ח, ונמצא דמוכח מדין קטן ומעוברת דרבנן פליגי בתרתי (אך יש מהאחרונים החולקים בזה) ולשיטתם צ"ע דמהו הקשר בין ב' המחלוקת.

**הקובץ** הערות (סי' לו) מביא שו"ת הרמב"ם (סי' רי"ח) וז"ל 'וכבר ידעתם מסקנת פסק ההלכה כי מצות יבום קודמת למצות חליצה, ואפי' אינו מתכוין לשם מצוה אלא לשם נוי או לשם ממון, מפני לאחר שמת בלא בנים, הותרה לאחיו ונסתלק איסור הערוה בכלל, כחכמים. אמנם לסברת אבא שאול, מצות חליצה קודמת, היותו סובר שאיסור אא"ח דחוי' מפני היבום, ואם כונתו לדבר אחר, נעשה פוגע בערוה' עכ"ל

**הביאור** בדבריו דידוע השאלה אם האיסור אשת אח הותרה לגמרי במקום יבום או אינו אלא דחוי' מטעם עשה דוחה ל"ת. ועל הצד דהאא"ח הותרה לגמרי במקום מצות יבום דהיינו דהיתר אשת אח חל בשעת הנפילה ליבום ואינו נדחה מכח מעשה היבום, נמצא דאע"ג דחסר במעשה היבום דהוי לשם נוי אעפ"כ ליכא איסור אשת אח.

**על** הצד דהוי דחוי' נמצא דהמעשה יבום בשעתה דוחה האיסור אא"ח וא"כ צריכין שיהי' קיום מצות יבום לדחות האא"ח ואם כונתו לשם ד"א לא הותר האשת אח לגבי ביאה זו, ובהא פליגי אב"ש ורבנן אי הוי הותרה או דחוי'. וכן משמע מפיהמ"ש להרמב"ם פ"א דבכורות מ"ז על הא דמצות חליצה קודמת למצות יבום. וז"ל: ואין זה אמת לפי שמאחר שנסתלק ממנה איסור הערוה כשמת אחיו בלא בנים הרי היא מותר בה ואפי' נתכוין שלא למצוה ולפיכך יהיה הדין על דעת זו שמצות יבום קודמת וכו'. ולפי זה א"ש דבאמת לא פליגי אלא בחדא אי הוי הותרה או דחוי' וממילא יהיה נפק"מ לענין כונה וכן לענין קטן ומעוברת וחרש דפליגי בזה ממילא.

**וכן** מבואר בבית מאיר (קס"ה א') שכתב דדברי הרשב"א דף מא. דלמ"ד הותרה ונאסרה וחזרה והותרה תחזור להיתירא ראשונה הביאור בזה דבאמת אינו חוזר לענין שיהיה זיקת יבום דהא זה חסר מדרכי נועם, רק הפי' דכיון דהותרה האשת אח בשעת הנפילה ליבום לגמרי א"כ גם כשנאסרה ליכא איסור אשת אח רק ערוה דאחות אשה, וכשנסתלק האיסור חוזר להיתר דאם רוצה ליבם מותר ליבם וליכא איסור אשת אח. אומר הבית מאיר דזהו דוקא לדעת רבנן דקסבר דהותרה אך לאבא שאול דדחוי' כשנאסרה חוזר האשת אח. וכן משמע מרש"י (מ. ד"ה הכא).

**ובזה** ניחא ג"כ דאין פלוגתא זו שייך להמחלוקת אי מצות צריכות כוונה או לא, דהכא לאבא שאול דיש איסור אשת אח צריכין למעשה מעליא לדחות האשת אח ואף דמ"ד מצוות א"צ כוונה. גם הגרש"ש (סי' ט"ל) כתב ליישב דברי הרשב"א דף מא דהיא גם לאב"ש, ומבאר דשיטת הרשב"א אינו כפשוטו דהותר האשת אח בשעת מיתה דהא א"א, ומכריח זה מגמ' יג: דצריך להיות קיים אישות המת שיהי' זיקת יבום. ולכן מפרש דשיטת הרשב"א הוא דודאי ללגבי זיקת יבום לא נפקא אישות המת רק האא"ח הותרה ליבום, ואדרבה האיסור גורם הזיקה ליבום, וכן להיפוך.

**א**ך היכא דנאסרה באיסור ערוה
דנפקע הזיקה ליבום נמצא
דפקע גם כן איסור אשת אח דליכא
אישות המת ולכן כשנסתלק האיסור
ערוה תחזור להותרה הראשונה (היינו
דבעצם בשעת הנפילה הותרה איסור אשת
אח רק דהתורה הומשך אישות המת למצות
יבום) ובזה ניחא דודאי אם כונה לשם
נוי מודה הרשב"א דפוגע בערוה
דלגבי מעשה זו לא הותרה האא"ח.

**החזו"א** (קכט - יג) כתב לישב בדרך
אחר, וע"פ מהלך הנימוק"י
דאב"ש מדרבנן קאמר ובשינוי קצת
דבאמת גם אב"ש מודה דהכונס לשם
זנות דקנאה, אלא בידי שמים נחשב
לפגם וכאילו פוגע בערוה ביד שמים
כיון דעיקר כונת התורה בשביל קיום
מצות יבום, דהיינו כיון דאיכא איסור

אשת אח אין רצון התורה אלא
במצוה לשמה, ופליגי רבנן ואב"ש
אם מוטב שיעשנה שלא לשמה, או
מוטב שלא יעשנה כלל, וכל זה הוא
דוקא היכא דיכול לכוין לשם מצוה
ואינו מכוין דפגם בזה, אך היכא
דכיון לשם מצוה רק בפועל לא קיים
המצוה ביבם קטן ובמעוברת וחרש
או הותרה ונאסרה וחזרה והותרה
ודאי דליכא שום איסורא, ואומר
דאפשר די"ל כן גם לרמב"ן דאב"ש
מדאו' קאמר היינו כנ"ל דוקא באופן
שלא עשה המצוה כתיקונו.

**ויש** מהאחרונים שרוצים לתלות
המחלוקת דאב"ש ורבנן אם
גדר מצות יבום הוא דהמצוה מקיים
במעשה הביאה או בהתוצאה דהיינו
הקנין, ועוד מהלכים.

## הבה"ח יצחק יעקב ווייס

# בענין גדר דין נזירות

**איתא** בגמ' יבמות (ה.) אלא אתיא מראשו דהך תנא. הגמ' מחפש מקור שעשה דוחה ל"ת. דתניא ראשו מה ת"ל לפי שנאמר תער לא יעבור על ראשו שומע אני אף נזיר מצורע כן ת"ל ראשו. ע"ז טוען הגמ' איכא למיפרך מה לנזיר מצורע שכן אפשר בשאלה, פי' שילך לחכם ויתיר לו, הלכך אתי עשה ודחי ל"ת, אבל ליכא למילף מהכא.

**הרמב"ם** פ"ז מהלכות נזירות סעיף ט"ו כתב הטעם שנזיר מצורע מותר בתגלחת, מפני שכבר נטמא בצרעת וימי חלוטו אין עולין לו ואינו קדוש בהן, ובטל העשה של קדוש יהיה גדל פרע מאליו ולא נשאר אלא הלאו של תער לא יעבור על ראשו לפיכך בא עשה של תגלחת הצרעת ודחה אותו.

**וע"ז** הק' הראב"ד, אני שונה במסכת יבמות משום דהוה לאו ועשה שישנו בשאלה. והקשיא של הראב"ד מתחלק לשני חלקים. א. למה צריך הרמב"ם לחדש טעם חדש למה העשה של תגלחת דוחה את ל"ת ועשה. ב. שמרמב"ם משמע שביטל העשה ואין כאן עשה, אבל מגמ' משמע שיש כאן עשה ולא נתבטל העשה.

**הכסף** משנה רצה לת' קושיית הראב"ד דתרי טעמא איכא במילתא, וחדא מינייהו נקט תלמודא. אבל אכתי קשה שמרמב"ם משמע שאין כאן עשה ומגמרא משמע שיש כאן עשה.

**באבני** מילואים שו"ת סי' כ"ב הקשה על מה שכתב הרמב"ם דאין כאן עשה של קדוש יהיה גדל פרע וממילא בא העשה של תגלחת ודוחה ל"ת של תער לא יעבור על ראשו, דלכאו' יש להקשות ברמב"ם פרק א' מנזירות כתב דנזירות הוא נדר, ואם עבר על נזרו עבר ג"כ על לא יחל דברו, ועבר על 'עשה' של וכל היוצא מפיו יעשה, וא"כ היכא דחי העשה של תגלחת עשה של ככל היוצא מפיו יעשה.

**המנחת** חינוך מצוה שע"ג ובחי' ר' מאיר שמחה נזיר דף מ' רוצים לצרץ על מה שהקשה האבנ"מ, דאין צריך לדחי' על הלאו של לא יחל דברו ועל העשה של

ככל היוצא מפיו יעשה, כיון דנזיר לא אסר על עצמו לשתות יין ותגלחת וכדו', רק קיבל עליו להיות נזיר, וכיון שמדיני נזירות הותר לו התגלחת א"כ גם בהלכות נדרים הותר לו, ואין כאן לאו ועשה של לא יחל, וככל היוצא מפיו בשביל כשצריך לגלח את עצמו צריך לעיין בהלכות נזירות ואם בהלכות נזירות הותר לו לגלח בשביל שאין כאן עשה כדעת הרמב"ם אם כן גם בהלכות נדרים אין כאן לאו ועשה והותר לו נדרו. כך מתרצים המנחת חינוך ור' מאיר שמחה אבל האבני מילואים לא רצה לתרץ ככה. ומתרץ האבני מילואים באופן זה, בהקדם הקדמה קצרה.

**בגמרא** דף ה. יליף עשה דוחה ל"ת מראשו דמצורע לפי שנאמר לא תקיפו פאת ראשכם שומע אני אף מצורע ת"ל ראשו וקסבר האי תנא הקפת כל הראש שמה הקפה. על זה טוען הגמ' איכא למיפרך מה ללאו דהקפה שכן אינו עושה לכל. ואח"כ רצה הגמ' ללמוד מראשו דהך תנא דתניא ראשו מה ת"ל לפי שנאמר תער לא יעבור על ראשו שומע אני אף נזיר מצורע כן ת"ל ראשו (שיש מחלוקת במס' נזיר מה ראשו הולך על מצורע או על נזיר מצורע עיי' בגמרא נזיר נז: - נח:) ועל זה טוען הגמרא שאיכא למיפרך מה לנזיר מצורע שכן אפשר בשאלה. ופי' רש"י ת"ל ראשו אלמא אתי עשה ודחי ל"ת ואע"ג דלאו ועשה זו אינו שוה לכל הוא מ"מ אם אינו ענין ללאו שאינו שוה לכל דילפינן מזקנו דאידך תנא תנהו לענין לאו השוה לכל.

**המהרש"ל** מקיים סברת רש"י שנזיר הוא לאו שאינו שוה לכל אבל המהרש"א חולק עליו וסובר שנזיר הוא לאו השוה לכל משום דאחד אנשים ואחד נשים יכולים לנדור נדר נדר אבל תוס' בנזיר פרק ג' מינין דף מא ד"ה ואי כתבו דסוגיות חלוקות בזה אם נזיר הוא שוה לכל או אינו שוה לכל. (הסוגיא בדף מא והסוגיא בדף נח בנזיר).

**וכתב** האבני מילואים שדין זה אם נזיר שוה לכל או אינו שוה לכל תלוי במחלוקת הפוסקים במהות הנזירות אם הוא איסור גברא - חפצא או איסור תורה (עיי' בשו"ת מהרי"ט ח"א שנ"ג - נ"ד). כלומר אי נימא דנזיר איסור חפצא שאוסר ג' מינין אלו 1) שתיית יין 2) שערו לתגלחת 3) טמאה למת או איסור גברא שאוסר איבריו לג' מינין אלו הוה ליה איסור השוה לכל כיון שאין איסור אלא מאי דרמי על נפשי' והכל נודרין אחד אנשים ואחד נשים אבל אם אמרינן שג' מינין אלו הוה איסור

תורה שנזיר הוה תואר קדושה שמקבל על עצמו והאיסורים הוה איסורי תורה דרמי על תואר קדושתו כמו כהן דרמי עליו מצות יתירות ממילא הוה ליה איסור שאינו שוה לכל אע"ג דהכל נודרין בנזיר היינו רק אם יפליא בנזירות יהיה עליו תואר קדשת נזיר מ"מ איסור תורה אינו אלא במי שנתקדש אפי' בקדושת תואר נזיר והוה ליה אינו שוה לכל.

**ובזה** תלוי הסוגיות בנזיר בפרק ג' מינין סובר שאינו שוה לכל משום דסובר דהוה איסור תורה, שהתורה אסרה עליו כל האיסורים הללו מה שאין כן הסוגיא בדף נח בפ' שני נזירים סובר שהוה איסור גברא - חפצא ששוה לכל דהוה כשאר נדרים שכל אחד יכול לקבל על עצמו.

**והשתא** אפשר לומר שגם בסגיתינו ביבמות דאיסור של נזיר הוה איסור קל משום דאיתיה בשאלה דסובר שנזירות הוה כמו איסור גברא - חפצא שכל אחד יכול לקבל על עצמו אם כן שפיר איתיה בשאלה כשאר נדרים אבל הרמב"ם סובר שנזירות הוה איסור תורה שהתורה אסרה עליו איסורים אלו אם כן ליתנהו בשאלה ותו לא קיליה ממילה צריך לטעם אחר דימי חלוטו אין עולין לו בשביל שנטמע בצרעתו. והרמב"ם סובר כסוגיא דפרק ג' מינין.

**והשתא** ניחא אף מאי דיקשיא לן על הרמב"ם דאכתי איכא עשה של ככל היוצא מפיו יעשה משום דעשה זו ודאי קיל משום דאפשר בשאלה כשאר נדרים. להכא קאמר טעם הכולל לכל האסורים לפי שיטת אותה סוגיא בנזיר, אבל הרמב"ם הולך לפי שיטתו בנזיר דהוה ליה איסור תורה ולא שייך שם איתיה בשאלה כל זמן שלא נשאל על נזירתו הוצרך לחדש טעם אחר שימי חלוטו אין עולין לו.

**הגר"ח** מתרץ קשיית הראב"ד אמאי אינו משתמש בטעמא של גמ' וחידש טעם אחר שימי חלוטו אין עולין לו באופן אחר.

**ומתרץ** שיש שני דינים שונים וחלויות נפרדות בעשה של "קדוש יהיה גדל פרע שער ראשו"

**א.** דיו איסור עשה שאם גילח שערו עובר על העשה של קדוש יהיה כמבואר בנזיר דף לט: דאם גלח ליה בתער קאים עליה דעשה ולא תעשה ופירושו של עשה הוא איסור עשה וחלות שם מעשה עבירה.

**ב.** קיום עשה, שבזה שמגדל שערו מקיים עשה של קדוש יהיה גדל פרע, דעל ידי ניהוג בקדושת נזיר מקיים הנזיר מצות עשה כשאר מצות עשה שבתורה. וכן מבואר ברמב"ם פ"א מהלכות נזירות ה"ג וז"ל:נדר בנזיר וקיים נדרו כמצותו הרי זה עושה שלש מצות עשה וכו׳ והשני׳ גדל פרע שער ראשו וכו׳ עכ"ל.

**והנה** דין זה של הרמב"ם שהעשה של קדוש יהיה בטל בנזיר מצורע משום דימי חלוטו אין עולין לו שייך רק לגבי הקיום עשה, והיינו משום דבנזיר מצורע הפקעה עצם קדושת נזיר ואין העשה של קדוש נוהג בו, אבל בנוגע לצד האסורין שנאמר בעשה של קדוש יהיה גדל פרע דהוה לאו הבא מכלל עשה לא שאני הך איסורא משאר אסורי נזיר הנוהג שם גם בימי צרעתו, ואינו נפקע החלק האיסור. כשם שהלאו של תער לא יעבור על ראשו אינו נפקע, ומבאר שם הגר"ח שאיסורין אינם תלוי בדין קדושת נזיר כי אם בחלות ושם נזיר לחוד, וחלות זו ישנה גם בימי צרעתו משא"כ לגבי חלק הקיום שכל ענינו היא ניהוג קדושת נזיר לא יצויר בימי צרעתו.

**והנה** כל ההלכה של דחוי׳ שייך רק באסורין דעשה דוחה איסורין אבל אינו שייך דין דחוי׳ בעשה, שעשה ידחה עשה אחר. והא דמבואר בכמה דוכתי דיש מצות שנדחות זו מפני זו לאו מדין דחוי׳ רק בדין קדימה והשאלה איזו מהן קודמת אבל דין דחוי׳ אינו שייך בקיום עשה. והנה באמת גם הרמב"ם נקט גם טעמא של הגמרא יבמות דנזיר קיל משום דישנו בשאלה אבל קולא זו אינו שייך רק לגבי חלק איסור עשה, שעשה דוחה ל"ת משום דישנו בשאלה אבל לגבי חלק קיום עשה שנכללה בקדוש יהיה גדל פרע, דעל ידי נהוג קדושת נזיר מקיים מצות עשה, אינו שייך דחוי׳.

**לפיכך** הוצרך הרמב"ם לטעמא אחרינא דהעשה בטל בימי צרעתו, דטעם של הגמרא שישנו בשאלה אינו מועל לגבי חלק הקיום. והגמרא ביבמות דנה בחלות איסורין הנכללות בעשה של קדוש יהיה גדל פרע, ולזה מועיל דחוי׳ משא"כ הרמב"ם דנה בחלק העשה הנכללות בקדוש יהיה והוצרך לטעם אחרינא שימי חלוטו אין עולין לו, משום דדחוי׳ אינו מועיל בעשה. וטעמו של הגמרא וטעמו של הרמב"ם משלימים זה את זה.

## הבה"ח גדליהו ווייס

# סוגיא דשנוי השם ושנוי רשות

**בב"ק** דף סו. נחלקו רבה ורב יוסף רבה סובר יאוש קונה ורב יוסף סובר דיאוש אינו קונה, ובהמשך השקלא וטריא בדף סז. מבאר הגמ' דלשיטת רב יוסף דיאוש אינו קונה אבל שנוי השם קונה וז"ל הגמ' מיתבי הגנב והגזלן והאנס הקדישן הקדש ותרומתן תרומה ומעשרותן מעשר אמרי התם איכא שנוי השם דמעיקרא טיבלא והשתא תרומה הקדש נמי מעיקרא חולין והשתא הקדש.

**יש** ב' מיני שנוי השם, האחד הוא דהשם נשתנה מחמת מעשה כגון גנב מריש ובנאו בבירה דמבאר הגמ' סוף דף סו: ובתחילת סז. דנקרא שנוי השם דמעיקרא כשורא והשתא טללא, והשני הוא שנשתנה מחמת יחודו ומחשבתו של הגזלן לחוד כגון גזל פירות והקדיש או תרם דלא היה שום מעשה רק מחשבה להקדיש או לתרום.

**והנה** בדרך ראשון שנשתנה מחמת מעשה מובן היטב דקנאו כיון שנשתנה, אבל בדרך השני דנשתנה מחמת יחודו לכאו' קשה האיך יכול ליחד חפץ שאינו שלו, דאינו קונה עד שנשתנה, ואינו יכול ליחד עד שקונה.

**עיי'** בקצה"ח סי' שנ"ג סק"א מבאר בשם הרשב"א בהנזקין (גיטין דף נה:) ד'הקדישו וקנייתו באים כאחד' ההסבר הוא דבשעה שמשנה שם החפץ נעשה שלו דיכול לשנות החפץ, ומבאר הקצות דלשיטת הרשב"א וכן תוס' בסוכה וכן מלחמות פ' הגוזל כל זה רק לענין שנוי השם דבעצם קנין הוא (בצירוף עם יאוש כמבואר בתוס' סז. ד"ה הא לאו הכי, ובראשונים בפ' הגוזל) אבל שנוי רשות דסבירא להו דאינו קנין, רק דלשני מותר לקנות מן הנגנב לאחר יאוש, דהגזלן בעצמו אינו יכול לקנות אף בתר יאוש ד'באיסורא אתי לידיה' משא"כ השני אם קונה אותו לאחר יאוש דלשני 'בהתירא אתי לידיה' נמצא דאינו קנין רק דלשני מותר לקנות, א"כ לא שייך לומר בשנוי רשות דבאים כאחד דלראשון האף דעכשיו הוא בידו בהיתירא מ"מ באיסורא אתי לידיה.

**ולפי"ז** מבואר ג' דברים.

**א.** שיטת הרא"ש דאם קידש בגזל לאחר יאוש מקודשת בספק דלרבה יאוש קונה לרב יוסף אין קונה ביאוש, ולכאו' פלא דנהי דאינה מקודשת מטעם יאוש אבל לכאו' יש

כאן שנוי רשות, ולפי יסוד הנ"ל מתורץ דאפי' היא קונה החפץ הגזול אבל אינו קונה מהבעל רק מהנגזל (וממילא להרמב"ם דסבירא ליה דשנוי רשות קנין הוא דלא כהרשב"א ותוס' ומלחמות יסבור דמקודשת בודאי לרבה מדין יאוש ולרב יוסף מטעם שנוי רשות).

**ב.** דלעיל מקשה הגמ' לרב יוסף מברייתא דתניא 'קרבנו' ולא הגזול דאפי' דקנה אכתי מצוה הבא בעבירה הוא ואם יאוש אינו קונה לכאו' פשוט דאינו יכול להקריב ולא מטעם מצוה הבא בעבירה רק דאינו שלו להקריב ולכאו' קשה אמאי לא תירץ הגמ' דקונה מטעם יאוש ושנוי רשות ולפי יסוד הרשב"א שפיר דאף דקונה אבל אינו קונה רק להשני ולכן לא יכפר להגנב.

**ג.** דקטן אינו יכול לקנות בשנוי רשות דקטן צריך דעת אחרת מקנה כדי לקנות ולכן בשנוי רשות דהגנב לא קנה לא היה יכול להקנות להשני וממילא אינו נחשב כדעת אחרת מקנה.

**ומבאר** הקצות דלפי הרשב"א בקנין שנוי רשות צריך קודם יאוש ורק לאחר זה קנה השני בשנוי רשות דכדי שיוכל השני לקנות צריך לבא לידו בהיתירא משא"כ להרמב"ם אפי' אם השנוי רשות היה קודם ואח"כ היאוש יקנה דקונה בשניהם, ושניהם קנינים הם רק דאין לקנות באחד לבד דקנין גרוע הוא ולכן בצירוף שניהם ביחד יכול לקנות ואין חילוק מה היה קודם.

**ומבאר** דהא דאמר תוס' דף סט. דאסור לחטוף מהגזלן לאחר יאוש אינו פשט דקצת קנוי להגזלן רק דאסור מדיני דגרמי דכ"ז דיש לו החפץ יכול להחזיר לבעלים ויפטר אבל אם יגזול ממנו החפץ צריך לשלם דמים וממילא אסור לגנב ממנו.

**לכאו'** הקצות פלא גדול.

**א.** המהרש"ל מקשה על ביאור בתוס' דשנוי רשות אינו קנוי לגזלן (וזהו ביאור הקצות) ממאן דיליף בגמ' דף סח. מה טביחה אהנו מעשיו אף מכירה אהנו מעשיו אמאי חייב במכרו הלא לא מכר הוא, דהשני קנה מהבעלים ולא מהגזלן.

**ב.** ועוד קשה על תוס' לביאורו ממ"ד רשות יורש לאו כרשות לוקח, ולכאו' הלא בהיתירא אתי לידיה ואמאי אינו יכול לזכות.

**ג.** דרמב"ן במלחמות פסק אם הקדיש אפי' מטעם שנוי השם נקרא קרבן שאין להם בעלים, ואם איתא דבאים כאחד יקנה ליה לגזלן

שיכול להקדיש ואמאי נקרא קרבן שאין להם בעלים.

**ד.** דיש גירסא בתוס׳ דף סו: דאף אם יאוש כדי לא קני הועיל למוכרה או להקדישה, משמע דיאוש מהני קצת לקנות ולא כביאור הקצות דרק השנוי רשות קונה בלא היאוש רק היאוש הוא היכי תמצא דיהיה בהיתירא אתי לידיה.

**ה.** תוס׳ דף סו. ד״ה קרבנו ולא הגזול מבואר בהדיא דיכול להקדיש מטעם שנוי רשות ולכאו׳ קשה לביאור הקצות, דבהקדש אין מי שיקנה דהקדש אינו קונה ואם איתא דשנוי רשות אינו קנין להגזלן איך נעשה הקדש.

**ו.** בתוס׳ דף קיא: מבואר בהדיא דאף אם יאוש אינו קונה, לאחר יאוש נקל ליצא מרשות בעלים בשנוי רשות או בשנוי השם, מבואר בהדיא דיאוש מהני לצאת בשנוי רשות.

**ז.** הרשב״א בתשובות סי׳ תתקס״ה מבואר דכדי שיכול לקנות בשנוי רשות צריך דעת הגזלן, ואין לתרץ כמו שתירץ קצות בתוס׳ דף סט. דחייב מדיני דגרמי, דדיני דגרמי אין מניעה בהקנין, רק יש לתבוע ממון, והרשב״א מבואר דמניעה בהקנין, ואם איתא דאין הגזלן קונה, אמאי אינו קונה בלי רשות גזלן, וברשב״א בעצמו לכאו׳ יש סתירה דהרשב״א מבואר דהקנין של שנוי רשות הוא כמו יאוש דאבידה (דהיינו בהיתירא אתי לידיה).

**ח.** האיך יכול לקדש בו אשה (עיי׳ בר״ן ספ״ק דקידושין דיכול לקדש) הלא אין לקדש רק בממון החוזר וא״כ אם השני קונה אותה מבעלים ולא מגזלן אינו ממון החוזר דהיא יכול לטעון לו איני מקודשת ואיני מחזיר הממון דקונה מטעם יאוש דאבידה.

**ומכח** קושית אלו מבאר הקובץ שיעורים אות ט״ז וכן מבואר באמרי משה סי׳ לב אות מג, דמיד שגנבו קנה הגזלן זכותים בהחפץ (לא קנה לגמרי אבל יש לו קצת קנינים בהגזילה), ואותן הקנינים יכול הגזלן למכור לאחר יאוש, וע״ז חייב ד׳ וה׳ אף שאינו שלו לגמרי, דהגזלן אינו יכול לקנותו כיון דבאיסורא אתי לידיה, אבל אותן הקנינים שיש לו, זה יכול למכור וע״ז חייב ד׳ וה׳, ובזה מיושב הגמ׳ דרשות יורש לאו כרשות לוקח, דלוקח קנה החפץ מהנגזל והקנינים מהגזלן, משא״כ יורש, ועוד מתורץ דכיון דהקדיש נקרא קרבן שאין להם בעלים דאינו כ״כ ברשות הגזלן דיקרא קרבן שלו, רק יש לו כח להקדיש כיון שיש לו קנינים בזה, וכן מתורץ אמאי יכול לקדש אשה כיון שאין ממון החוזר,

ולפי הנ"ל שפיר נקרא ממון החוזר כיון שיש להגזלן קנינים בו.

**ואפשר** דאף דעת הרשב"א מתורץ דיש להגזלן קנינים בהחפץ, ולכן אינו יכול לקנות בשנוי רשות בלי דעת הגזלן, כיון שיש לו קנינים בזה, ומה שכתב דמהני מטעם יאוש דאבידה, דאם אין בהתירא אתי לידיה יש מניעה מצד הגזלן דאינו יכול למכור הקנינים שיש לו בהחפץ כיון שעדיין חייב בהשבה ולכן צריך להיות בהיתירא אתי לידיה כדי שלא תהא מניעה מצד הגזלן ואז יכול לקנות הקניני גזילה מהגזלן, ומה שכתוב עוד דמהני מטעם באים כאחד ולפי יסוד הנ"ל אינו צריך לבאים כאחד דכבר קנוי להגזלן משעת הגזילה, אפשר דמיירי כשהקדיש, והקדש אינו עושה קנין בהחפץ, דיקנה החפץ מהבעלים והקניים מהגזלן, רק כל הקנין הוא רק מהגזלן א"כ כדי שיקנה החפץ צריך הגזלן לקנות כל החפץ, ולכן הסביר הרשב"א דקונה, דבאים כאחד.

**ועיי'** בספר ענפי ארז (להגר"א גורביץ) שמציין חידושי הגר"ח עהש"ס דמקשה על גמרתינו דמבואר דגנב שתרם קונה מטעם שנוי השם ולכאו' קשה דלא שינה רק שם הפירות שתרם, ולא שינה בכלל בשאר הפירות שבכרי ואינן שלו, וא"כ קשה האיך יכול לתרום משלו (דתרם דקנה בשנוי השם) על של חבירו (דלא קנה דלא היה שנוי השם), וא"ל דמהני מטעם זכיה דהכא אינו רוצה לזכות דא"כ יקנה הפירות, וא"כ אף הפירות שתרם לא נעשו תרומה ולא קנה.

**ומבאר** דאינו נקרא תורם משלו על של חבירו, דבתרומה יש דין 'ומקדשו ממנו' דאפי' אם אינו שלו, אם יש לו כח לתרום כל הכרי נקרא תרומה, ואינו נקרא התורם משלו על של חבירו, דיש לו כח לתרום כולו, ולכן הכא בגזלן כיון דכשגזל קנה קנינים בהגזילה, ואחד מאותן קנינים הוא לתרום ממנו, נמצא דיש לו זכות לתרום מן כל הכרי הגזול, ולכן כשתרם נקרא 'מקדשו ממנו' ולכן נשתנה שמו של התרומה וקנה ולא נקרא התורם משלו על של חבירו, ואם איתא לביאור הקצות בהרשב"א דבאים כאחד א"כ יקשה אמאי יכול לתרום הלא תורם משלו על של חבירו ולפי' ביאורו אין לתרץ דנקרא 'מקדשו ממנו' דעכשיו אין לו זכות לתרום רק כשתורם קונה בבאים כאחד אבל כ"ז דלא תרם כל הכרי אין לו כח לתרום וממילא לא נקרא 'מקדשו ממנו' וממילא לכאו' נקרא תורם משלו על של חבירו.

**וביסוד** זה מתרץ הקובץ שיעורים גמרא דף סח. דמבואר

דהגונב מן הגנב לפני יאוש משלם קרן לגנב ראשון ואינו משלם כפל, ומבאר רש"י דכתיב וגנב מבית האיש ולא מבית הגנב, ומבואר דאי לאו קרא דוגנב מבית האיש היה משלם אף כפל, ולכאו' אמאי משלם לגנב ראשון לפני יאוש.

**ואין** לומר כהקצות בדעת תוס' דף סט. דחייב מדיני דגרמי דא"כ בודאי חייב רק קרן ולא כפל, דמה"ת יהא חייב כפל במזיק, ועוד יקשה לפי"ז דבודאי איירי הכא כשאין החפץ בעין, דאי כשהחפץ בעין צריך להחזיר החפץ, וא"כ כשאינו בעין כשנאבד באונס אינו חייב אפי' מדיני דגרמי, דלא גרם שום הזיק, דמלאך המות מה לי הכא ומה לי התם, וממילא אפי' כשלא גנב ממנו לא היה שייך לקיים מצות השבה בזה החפץ (עיי' בחזו"א סי' טז שמקשה כעין זה).

**אלא** ע"כ דיש לגזלן קניני גזילה מיד כשגנב וממילא כשהשני גונב ממנו הוא גנב את הקנינים וממילא חייב כפל אי לאו קרא דפטר כפל, ובזה מתורץ קושית הפני יהושע בסוף דף סז: לרב דאמר יאוש קונה, דהקשה הפני יהושע לכאו' דהפסוק וגנב מבית האיש איירי רק לפטור כפל לבעלים, דאי לפטור כפל לגנב ראשון, אי לפני יאוש פשיטא דלא קנה, ואי לאחר יאוש הא קנה לגמרי ונקרא מבית האיש דלאחר יאוש הוא קנה הגנב, ולפי הנ"ל מובן שפיר דאיירי לפני יאוש, ואפי' דלא קנה אבל קנה קצת קנינים בהגזילה וע"ז היה מחויב כפל אי לאו קרא דוגנב מבית האיש.

**ומה** שפסק הקצות דלפי הרמב"ם מהנו שנוי רשות ואח"כ יאוש, זהו שיטת המגיד משנה, אבל בנתיבות סימן שנ"ג סק"ד מבאר דאף להרמב"ם אפשר דאינו קונה לגמרי ואפשר דצריך להחזיר הדמים.

**ומה** שכתב דלתוס' ורמב"ן שנוי רשות אינו קנין רק היכי תמצא להיות בהיתירא אתי לידיה, אפשר דיהיה כמה פעמים דיקנה בש"ר ואח"כ יאוש.

**ובהקדם** נקדים הביאור בהיתירא אתי לידיה,

**בתחילת** הסוגיא דף סו. מבאר רבה לשיטתו דיאוש קונה מיהו לא ידעינן אי דאו' אי דרבנן אי דאו' ילפינן ממוצא מציאה לבתר דתיתי לידיה דקונה או דלא ילפינן ממוצא מציאה כיון דהתם בהיתיתרא אתי לידיה משא"כ הכא באיסורא אתי לידיה, ומקשה תוס' דמאי ס"ד דילפינן מאבידה, התם הוא דקונה משום דאיאייש מרא מקמי דאתי

לידיה, משא"כ הכא דהיאוש היתה רק בתר דאתי לידיה, ומבאר תוס' דמה דילפינן ממציאה מקמי דתיתי לידיה, משום דכמו שיש לנו שאלה על גזילה כ"כ יש לנו שאלה על אבידה דאיאייש בתר דאתי לידיה אם קונה דילפינן מאבידה מקמי דאתי לידיה או דילמא לא ילפינן דאבידה מקמי דאתי לידיה הוא בהיתירא אתי לידיה משא"כ אבידה בתר דאתי לידיה הוא באיסורא אתי לידיה **דנתחייב בהשבה**, הרי מבואר מתוס' דהביאור ב'איבורא אתי לידיה' הוא דנתחייב בהשבה.

**משא"כ** הרמב"ן במלחמות בב"מ דף כו: מבאר דהסיבה דילפינן לאבידה מקמי דתיתי לידיה ולא לאבידה בתר דתיתי לידיה הוא משום דבאבידה לאחר דאתי לידיה הוא נעשה שומר עליה וכבר אינו מהני יאוש (יש ב' ביאורים בזה, הרעק"א מבאר כיון דנקרא ברשותו ואינו יכול לייאש על דבר שהוא ברשותו, והקצות סי' רנ"ט סק"א מבאר דכיון שהוא שומר הוא נקרא קצת בעלים ואינו מהני יאוש עד דהשומר ג"כ מתייאש) ולכן אינו קונה ביאוש אבל בעצם אי לאו הכי דנעשה שומר היה יכול לקנות אף בתר דאתי לידיה הרי מבואר מרמב"ן דלא כתוס' דאי כתוס' אפי' אם אינו שומר עליה אינו קונה ביאוש דבאיסורא אתי לידיה, ולפי הרמב"ן יש כמה מהלכים מהו הגדר 'באיסורא אתי לידיה' ומהו 'בהיתירא אתי לידיה', הקצות בסי' קס"ג סק"א מבאר דבאיסורא אתי לידיה הוא דאסור ליטול החפץ אבל אם מותר ליטיל החפץ אף שנתכוין לאיסור נקרא בהיתירא אתי לידיה, האמרי משה אות ל"ד בההו"א מבאר ברמב"ן דבהיתירא אתי לידה הביאור הוא דהיאוש אינו מחמת פעולה אסורה שעשיתי אבל אם כל היאוש הוא רק על פעולה אסורה שעשיתי נקרא באיסורא אתי לידיה.

**המהרש"א** על סוף תוד"ה אמר עולא בדף סז: (התוס' מתחיל בדף סז.) מבאר קצת כעין הקצות בדעת הרמב"ן, אבל אפשר לומר לפירושו דאף אם הפעולה היה מותר רק הכוונה היה באיסור נקרא באיסורא אתי לידיה, משא"כ הרמב"ן סובר דכ"ז דהפעולה מותרת נקרא בהיתירא אתי לידיה אף שהכוונה היתה אסורה.

**עתה** נבוא לבאר שנוי רשות ואח"כ יאוש אם קונה, דקצות בסי' ל"ד מבאר דהגונב מן הגנב אין לו שום חיובים רק אם הזיק אבל מטעם גנב אינו נתחייב, לפי"ז בין לתוס' ובין לרמב"ן בב' מהלכים קנה השני ביאוש אף אם אתי לידיה קודם יאוש, דבהיתירא אתי לידיה, דלא נתחייב

בשום איסור וגם היתה פעולה מותרת, אבל למהרש״א לכאו' הוא באיסורא אתי לידיה, דנתכוון לגוזלה.

**אבל** לפי המרדכי בפרק הספינה, דמבאר דגנב שהפקיד חפץ לאחר נעשה שומר אבידה **לבעלים הראשונים**, ואם מחזיר החפץ לגנב נתחייב לבעלים הראשונים, לכאו' לתוס' יש לו להשני חיוב השבה ולכן אין לקנות ביאוש לאחר דאתי לידיה, דלתוס' נקרא זה באיסורא אתי לידיה, אף שנתכוון לגוזלה, נעשה שומר אבידה לבעלים, משא״כ לרמב״ן מה שיש חיוב השבת אאבידה אינו נקרא באיסורא אתי לידיה,, והכא אף כשגזלה, דהיינו

שנתכוול לאיסור, כיון שהפעולה מותרת, דמותר לקחתו כדי להחזיר לבעלים, שוב אינו נקרא באיסורא אתי לידיה, וקונה ביאוש אף כשבא לידו קודם להיאוש.

**בקובץ** שיעורים אות כ״ח מבאר לשיטתו דצריך הגזלן להקנות קנינים שיש לו בהחפץ וזה אינו שייך רק לאחר יאוש אינו יכול לקנות בשנוי רשות לפני יאוש.

**ולפי** המהרש״א אם נתכוון להחזיר לבעלים הפעולה מותרת וכן הכוונה מותרת יקנה, ולפי המרדכי יהיה שומר ויד שומר כיד בעלים ואין לקנות, ואם נתכוון לגוזלה לכו״ע אינו קונה דהכוונה אסורה.

## הבה"ח יצחק יעקב ראבינאוויטש

### יסוד מעשה קנין

**יש** לחקור ביסוד מעשה קנין רגיל מי עושה הקנין, הקונה או המקנה, שיש לפרשו בב' אופנים: א, שהמקנה מקנה החפץ לקונה והקונה רק "מקבלו" מהמקנה אך עיקר מעשה קנין עושה המקנה. ב, או הוי פירושו שהמקנה מסלק כל זכויותיו שיש לו בחפץ והקונה לוקח חפץ ממנו וקונהו ועיקר מעשה הקנין עושה הקונה.

**ולכאו'** היה נראה לומר דתליא בפלוגתת ראשונים מפורסמת במסכת ב"ב דף מא. גבי מעשה דר' ענן דקאמר שם בגמ' "את גופך אי הוה ידעת לא עבדת כי היכי דאת לא הוה ידעת הוא נמי לא הוי ידע", ע"כ. ומשמע מהגמ' שאילו ידע חבירו ונתכווין להקנות לו, אפילו שר' ענן גופיה לא הוי ידע, היה קונה אף שלא נתכווין לעשות מעשה קנין. ולכאו' הרי סוגיא מפורשת היא ביבמות דף נב: דצריך כוונה לקנות דקאמר שם "עשאוה כעודר בנכסי הגר וכסביר שלו הן דלא קני" ע"כ, והרי מבואר דאם לא כיוון לקנות, כמו בעודר בנכסי הגר וכסבור שלו הן, שלא נתכווין לשם קנין, לא קני, ומ"ש פה במעשה דר' ענן דאילו ידע חבריה היה קונה, ומדוע, הא ר' ענן גופיה לא ידע ולא נתכווין לקנות.

**ותירץ** הראב"ד ז"ל ש"דעת אחרת מקנה אותן שאני" פי', שהיכא שיש דעת מקנה נתכוין להקנות אפילו הקונה לא נתכווין לקנות קונה. ואין חסרון של עודר וכו' רק אם גם הקונה וגם המקנה לא נתכונו לקנות ולהקנות. וברשב"א שם חולק ע"ז וסובר שאפ' דעת אחרת מקנה יש חסרון אם הקונה לא נתכווין לקנות ומתרץ שם תי' אחר.

**ולכאו'** אפשר לומר דנחלקו ביסוד מעשה קנין כנ"ל. שהראב"ד אחז שעיקר מעשה קנין עושה המקנה ולכך אם הקונה לא נתכווין לקנות לא איכפת ליה משום שעיקר מעשה קנין עושה המקנה והוא רק מקבלו מידו. משא"כ הרשב"א ס"ל שעיקר מעשה קנין עושה הקונה שלוקחו מיד המקנה וממילא אם חסר בכוונת הקונה אינו קונה משום שאין מי שיעשה הקנין שהקונה עושה עיקר הקנין והמקנה רק מסלק

שעיקר מעשה קנין עושה המקנה, אז
לכך כשיש דעת אחרת מקנה, אפילו
אם הקונה אינו יכול לעשות מעשה
קנין, קונה, שעיקר מעשה הקנין עושה
המקנה. [ובזה אתי שפיר שהר"ן
אצלנו ס"ל שדעת אחרת מקנה שאני
[בקטן], וגם בב"ב מביא הראב"ד שגם
מחלק, נמצא הר"ן לשיטתו].

**אך** השֹ"ך חולק ע"ז, וס"ל שלא
מחלקים בין דעת אחרת מקנה
לאין דעת אחרת מקנה, "שאם זוכה
לעצמו במתנה אלמא שיש בכוחו
לזכות ולמה לא יזכה גם במציאה"?
ורואים מהשֹ"ך לכאו' שס"ל שעיקר
מעשה קנין עושה הקונה, ולכן אין
שום נפק"מ אם יש דעת אחרת מקנה
או לא, שאם הקונה אינו בר קנין
שהוא קטן, אז לא יכול לזכות אף
כשדעת אחרת מקנה. נמצא דתליא
במחלו' השֹ"ך והרמ"א.

**נמצא** שהיה לנו מחלו' אמוראים
ר"נ ור"ה לגבי אדם המקנה
לדבר שלא בא לעולם דפליגי בזה,
וגם מחלו' ראשונים בין הראב"ד
לרשב"א במעשה דר' ענן אם מועיל
או לא. וגם מחלו' ראשונים בקטן
שהר"ן והרשב"א ס"ל שדעת אחרת
מועיל לקנות. והשֹ"ך ס"ל שלא קונה
אפי' דעת אחרת מקנה ואין שום
סברא לחלק.

זכויותיו. [והרשב"א עצמו בגיטין דף
כ: תי' כמו הראב"ד. ובב"ב דף פד.
מסתפק בזה. ובאחרונים נתחבטו
ליישב. וצ"ע].

**אך** לכאו' היה אפשר לומר עוד
יותר, שהוי פלוגתת אמוראים.
שיש מחלו' בין ר' הונא לר' נחמן
(ב"ב קמ"ב.), אם אדם מקנה לדבר
שלא בא לעולם, פי' אם אדם מקנה
לאדם שאינו בעולם בשעת הקנין
שעדיין לא נולד, אם קונה או לא.
שר"ה ס"ל שאין אדם מקנה לדבר
שלא בא לעולם, ולכן אית ליה
שאדם שמזכה לעובר אף לכשתלד
לא קנה. ור' נחמן ס"ל שאדם מקנה
לדבשלב"ל, ולכן המזכה לעובר קנה
לכשתלד. ולכאו' נראה שפליגי במה
שאמרנו, שר"נ ס"ל שעיקר מעשה
קנין עושה המקנה, ולכן לא איכפת
ליה אם הקונה איננו בעולם משום
שעיקר הקנין עושה המקנה. משא"כ
ר"ה ס"ל שעיקר מעשה הקנין עושה
הקונה ולכן אם הקונה איננו בעולם
אינו קונה.

**ובשו"ע** חו"מ הלכות מתנה סימן
רמ"ג סעיף ט"ו פסק קטן
שנותנים לו צרור וזורקו אגוז ונוטלו
זוכה לעצמו, וברמ"א כתב ודוקא
כשיש דעת אחרת מקנה לו אבל
במציאה לא. (בשם הרב המגיד והר"ן).
ולכאו' קתני פה אותו יסוד, שכיון

**ולכאו'** יש להקשות ב' קושיות: א, שלכאו' נמצא לדברינו שפליגי ראשונים בדבר שכבר נחלקו אמוראים בזה. ב, שלכאו' לפי דברינו יימצא סתירה ברשב"א שגבי מעשה דר' ענן ס"ל שעיקר מעשה קנין עשה הקונה, ולכן לא מחלק בין יש דעת אחרת מקנה או לא, והרשב"א בגיטין פרק התקבל דף סד: גבי קטן אומר שקטן דעת אחרת מקנה שאני משום שעיקר מעשה קנין עושה המקנה.

**והנראה** לבאר דהנה בכל מעשה קנין יש ב' חלקים, א' עצם המעשה [משיכה וכדו'] ב' חלק הכוונה לעשות מעשה קנין ולקנות, והנה גבי מעשה דר' ענן שם עשה ר' ענן מעשה קנין אך לא נתכוון לעשות מעשה קנין, ובזה ס"ל להרשב"א שדעת אחרת מקנה לא מהני משום שאין פה כוונה לקנות, וגם הכוונה לעשות מעשה קנין צריך מצד הקונה. אך לגבי קטן, שם עושה הקטן פעולת מעשה הקנין, וגם מכוון לקנות, אך כיון שקטן לא יכול לפעול חלות של מעשה קנין אפי' אם מכוון לעשות מעשה קנין, לכך קנה כשדעת אחרת מקנה, משום שהמקנה יכול לעשות החלות של הקנין, אך חלק הכוונה אפי' אם מכוון [המקנה] לא מהני משום שצריך כוונת הקונה דייקא, נמצינו

למדים שהרשב"א ס"ל שבעצם עושה הקונה גוף הקנין, ולכן צריך כוונה מדעת הקונה, אך החלות של הקנין יכול גם המקנה לעשות. על ידי זה יתורץ קושיא השניה.

**והקושיא** הראשונה אפשר גם לבאר על זה הדרך, שלגבי עובר הקונה אינו עושה כלום, אפילו לא במעשה, ולכך יש מחלוקת בין רב נחמן לרב הונא, שרב הונא סבר דלא מהני מפני שסובר שהקונה צריך לעשות הקנין, ורב נחמן ס"ל שהמקנה עושה הקנין ולא בעינן כלל שיהא הקונה בעולם. אך לגבי מעשה דרב ענן, ששם עושה הקונה מעשה קנין, אך אינו מכוון לקנות, בזה יש מחלוקת אף בדעתו שלרב הונא, שהר"ן ס"ל שכיון שעושה מעשה קנין, די בזה, וחלק הכוונה אפשר לעשות גם על ידי המקנה, והרשב"א ס"ל שהקונה גם צריך לכוון, ודו"ק היטב.

**[והנה,** גבי מת, אם יכול לקנות או לא, ישנה תשובה של מהר"ח או"ז סי' ק"ס שאומר שמת יכול לקנות, והרמב"ם פ"י מהל' זכיה ומתנה הי"ב חולק על זה וס"ל דמת אין לו קנין, והיה נראה לומר דפליגי בזה אי עיקר מעשה הקנין עושה הקונה או המקנה, שאם מצד הקונה, אין המת יכול לקנות, וזהו

שיטת הרמב"ם, ואם הוא מצד המקנה אז אפשר שמת יזכה, וזהו שיטת מהר"ח או"ז.

**אך** לפי דרכנו שהוכחנו שבאופן כזה שהקונה אינו עושה שום מעשה, כבר נחלקו אמוראים בזה, ובמאי פליגי. ויותר צריך עיון, דהרשב"א בתשובה (ח"א סי' שע"ה) ס"ל בפירוש שמת זוכה, אף שלא עשה כלום, ולדעת הרשב"א צריך הקונה גם

מעשה וגם כוונה, ויש לומר פשוט, דבתשובה מיירי בא' שאמר לחבירו זכה במעות אלו לקנות מצבה לקבורת פלוני שמת, וזכה הלה, ואחר כך חזר בו, והנה, שם לא היה שאלה של חסרון במעשה קנין מצד הקונה, דהלא זיכה לו על ידי אחר, והשאלה הוא רק באם מת יש לו זכיה, ובזה סובר הרשב"א דיש לו זכיה, ואפשר דבהכי גם מיירי המהר"ח או"ז].

## הבה"ח שלמה ווייס

### סוגיא דבפני נכתב ובפני נחתם

**במשנה** ראשונה מסכת גיטין המביא גט ממדינת הים צריך שיאמר בפני נכתב ובפני נחתם. ובגמ׳ בע"ב הובא מחלוקת רבה ורבא בטעם תקנה זו דלרבה הטעם הוא לפי שאין בני חו"ל בקיאים לשמה, ולרבא הטעם לפי שאין עדים מצויין לקיימה ואין שיירות מצויות.

**ובגמ׳** בדף ה. מקשה על רבה ממה ששנינו בברייתא אם לא אמר השליח בפ"נ ובפ"נ ורק קיימו חתימות עדי הגט ע"י עדים שכשר הגט, לרבא ניחא שהרי שוב אין כאן חשש זיוף ולרבה קשיא שהרי עדיין אין אנו יודעים שנכתב הגט לשמה. ומשני דאיירי הברייתא אחר שלמדו ובקיאים לשמה ולכן אפילו לרבה הוי הגט כשר. אך הקשה הגמ׳ דעדיין צריך השליח לומר בפ"נ גם אחר שלמדו דגזרינן שמא יחזור הדבר לקלקולו כמבואר בגמ׳ שם לעיל, ומשני דהברייתא איירי לאחר שניסת ע"י גט זו, וגזירה הנ"ל אינו אלא איסור להינשא לכתחילה אבל אחר שניסת אין להוציא מטעם גזירה זו.

**ומקשה** הגמ׳ ממה שמבואר בהמשך הברייתא שהתקנה של אמירת בפ"נ הוי קולא כדי שלא יצטרכו לקיים בשני עדים, אבל אם קיים בשני עדים בודאי כשר, וא"כ עדיין קשה על רבה שאע"פ שלא חייבו חכמים להוציא וכנ"ל, מ"מ עדיין לדידי׳ הרי תקנת אמירת בפ"נ הוא חומרא ולא קולא. ומשני הגמ׳ דגם לדידי׳ הוי קולא דאע"פ שאין חיוב להוציא מטעם חשש שלא נכתב לשמה מאחר שאינו אלא גזירה שמא יחזור הדבר לקלקולו, מ"מ לענין קיום היה הדין שצריך להוציאה לולי תקנת בפ"נ שהקילו חז"ל שלא להצריך קיום בשני עדים, והיינו הקולא המבואר בברייתא. והחידוש של הברייתא הוא דהיה סלקא דעתך שתקנת בפ"נ הוא חומרא גם לענין קיום שהרי השליח מעיד שראה בעצמו החתימה והוא יותר מהכרת חתימות גרידא, קמ"ל דתקנה זו אינו אלא קולא.

**והנה** הגמ׳ שם בע"ב ממשיך וז"ל: טעמא מאי דחיישינן שמא יבא הבעל לערער השתא אנן ניקום ונערער ע"כ, ועיי"ש בתוס׳ דגריס ואבעית אימא דהיינו דהשתא אוקים הגמ׳ דהברייתא איירי קודם שלמדו ומבאר

דמכיון שאינו אלא חשש לעז לא חייבו חכמים להוציא לאחר שניסת.

**והקשה** הפנ"י דלפי תוס' קשה למה מבואר בברייתא דרק אם קיימו החתימות הוא כשר, הא גם חשש זיוף אינו אלא חששא בעלמא וכפי שהוכיח התוס' במתני' ממה שבא"י א"צ לומר בפ"נ ורק אם יש עליו עוררין יתקיים בחותמיו, הרי שכל זמן שאין עליו עוררין אין חוששין באמת שהגט מזוייף, וא"כ הו"ל למימר בברייתא דגם בלי קיום חתימות אין חיוב להוציא אחר שניסת.

**אך** יש לתרץ קושיא זו עפ"י מה שחידש המהר"ם שיף דמה שכתב תוס' במתני' דאין חוששין לזיופא הוא רק בא"י שמכיון שיש שיירות מצויות ירא הבעל לזייף. ולפי"ז מיושב היטב שבחו"ל באמת חוששין לזיופא ולכן גם אחרי שניסת צאיך להוציאה אם אינו מקיים חתימות הגט.

**ובחידושי** ר' נחום מיישב קושית הפני' הנ"ל דבאמת בשאר שטרות רואים להדיא דחוששין באמת לזיופא שהרי קיי"ל בכל שטר שצריכים לקיימו כאשר טוענים עליו מזוייף, ומה שמבואר במתני' שאין חוששין לזיופא הוא רק משום עיגונא הקילו ומשום חשש לעז ליכא בא"י מכיון ששיירות מצויות, ורק במביא מחו"ל דממילא תיקנו לומר בפ"נ משום לעז על כן כבר חששו ג"כ באמת לחשש זיוף, ולכן בכה"ג שלא קיימו החתימות יש חיוב להוציא גם אחרי שניסת מכיון שעדיין נשאר חשש האמיתי.

**ובזה** מיושב קושיא אחרת על רש"י דף ב: במה שמבואר שם בגמ' בטעמא דסגי בע"א שמכיון שהחשש הוא רק מיעוטא דמיעוטא שהרי רוב בקיאים הן ורק מדרבנן הוא דאצטריך, ופרש"י למיחש למילתא עיי"ש, הרי דס"ל לרש"י שהוא חשש אמיתי ואינו לעז בעלמא. ולכאורה קשה איך יכול הגמ' לומר בדף ה. כשהוא עצמו הביא גיטו א"צ לומר בפ"נ, בשלמא לרבא ניחא שהרי כשהוא עצמו מביא אין חשש זיוף, וגם לתוס' ניחא שמכיון שהוא רק משום לעז אין חוששין או כסברת הר"ן לענין שליח לקבלה שאין חשש שיחזור בו הבעל אחרי שחל הגירושין מיד בנתינתו, או משום שהבעל יבוש לחזור בו כאשר הוא בעצמו הביא הגט. אבל לרבה בשלמא לתוס' ניחא מכיון שאינו אלא חשש לעז וכסברות הנ"ל, אבל לפרש"י שהוא חשש אמיתי שאינו לשמה הרי אכתי

יש לחשוש שאין הגט כשר גם כאשר הביא הבעל בעצמו.

**אך** לפי דברינו ניחא, דלרש"י גם חשש שלא לשמה הוא חשש אמיתי אבל אינו אלא חשש רחוק וכמו שפירשנו לעיל לפי תוס׳ לענין זיוף, ולא היו חז"ל מצריכים משום חשש זה בעלמא להעיד על הדבר

דמשום עיגונא הקילו, ורק היכי שמצטרף גם חשש לעז דהיינו באופן שהובא ע״י שליח רק אז תקנו להעיד בפ״נ וגם חששו על חשש האמיתי. אבל כאשר הבעל בעצמו מביא הגט וכבר אין חשש לעז וכנ"ל, לא תיקנו שום אמירה מחמת חשש האמיתי מאחר שאינו אלא חשש רחוק.

## אם הבנים

**בפרוש** יאהרצייט הראשונה של זקנתינו הצדקנית מרת מחלה חיה בת הרה"ג ר' מרדכי יעקב זצ"ל אמרנו לעשות נייחא לנשמתה הטהורה ולהתעסק בקדשים בפלפולא דאורייתא לעלוי נשמתה.

**להציע** עלי כתב מהותה הנעלית של באבי ע"ה הוא בשבילנו דבר בלתי אפשרי, הן מפאת גודל מדרגותיה והן מחמת קט שכלינו הדלים שאינם מסוגלים להגדיר פערזענליכקייט כה נשגב. ואפילו רק לרשום זכרונות החרוצים בלבבינו מעת עמדנו על דעתינו הוא מעבודות הקשים שבמקדש בהיות ההרגשים והמחשבות והזכרונות בבחינת רבוי האור שאינם מצטמצמים במלים דלים ורקים.

**אך** דבר זה ברור לכולנו - ובודאי עצה טובה ומחשבה טובה היתה זאת - שעסק התורה והוצאת חידושי תורה יגרום בשבילה קורת רוח ושובע שמחות, מאחר שכך היתה מעשיה בחול בהיותה עמנו כל אותם השנים. אין לשער ולתאר שמחתה כאשר ראתה בניה ונכדיה מתעלים ומצליחים בלימוד התורה, כי כל קורות חיים שלה היתה חטיבה אחת של תורת חיים ואהבת חסד.

**כבר** מנעוריה בבית אביה הגדול בעל חלקת יעקב זצ"ל בגולת אשכנז ובשווייץ נתגדלה בין כותלי ביהמ"ד, ואח"כ מעת שנישאת לזיידי זצ"ל בנו יחידו של מרן המנחת יצחק זצ"ל בנתה ביתה לשם ולתפארת כראוי לאכסניה של תורה - מרא דארעא דישראל.

**הבלי** עולם הזה לא תפסו אצלה שום מקום כלל בהיותה מסתפקת במועט כל ימיה, וכל מגמתה ועניניה לא היו אלא במעשה צדקה וחסד שעסקה בהצנע לכת, ובעידוד בניה ונכדיה להתעלות ולהשתלם בתורה ובעבודת ה' באמת.

**ונפרוש** כפינו לפני קודשא בריך הוא דהני מילי ופטפוטי דאורייתא יהיו סלקין לעילא להיות עילוי לנשמתה, ושתהא באבי ע"ה מליצת יושר בעדינו בצלותא ובעותא לפני כסא הכבוד שנוכל למלא את שאיפתינו ושאיפתה הטהורה מתוך הרחבת הדעת וכט"ס, לא נתנשי מינה בעלמא הדין ולא תתנשי מינן בעלמא דאתי עד ביאת גואלינו אמן

Printed in Great Britain
by Amazon